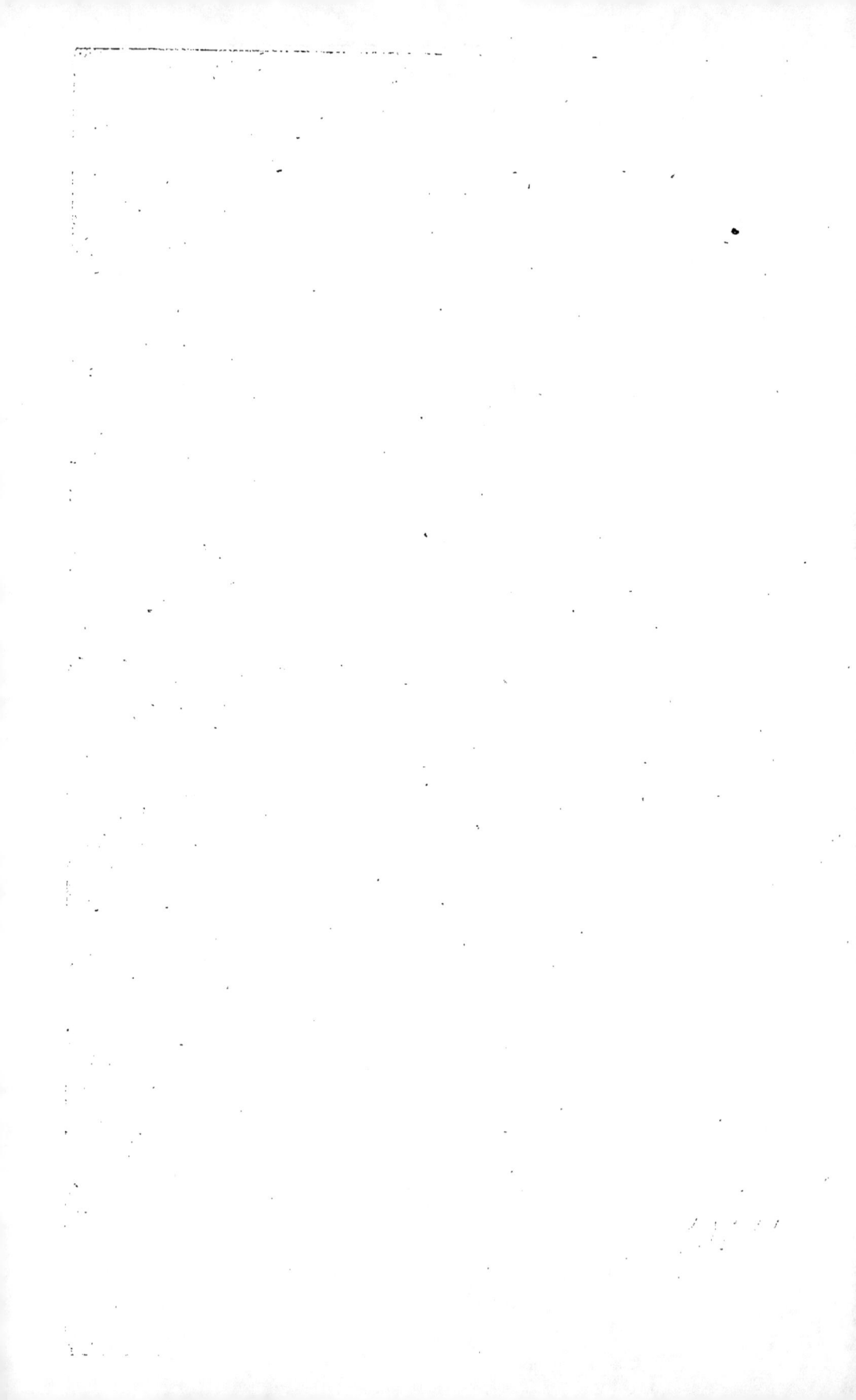

CRIMES CÉLÈBRES.

IMPRIMERIE DE Mme Ve DONDEY-DUPRÉ,
Rue Saint-Louis, 46, au Marais.

CRIMES CÉLÈBRES

PAR

ALEXANDRE DUMAS.

TOME TROISIÈME.

PARIS.

ADMINISTRATION DE LIBRAIRIE,

RUE NOTRE-DAME-DES-VICTOIRES, 32.

1853

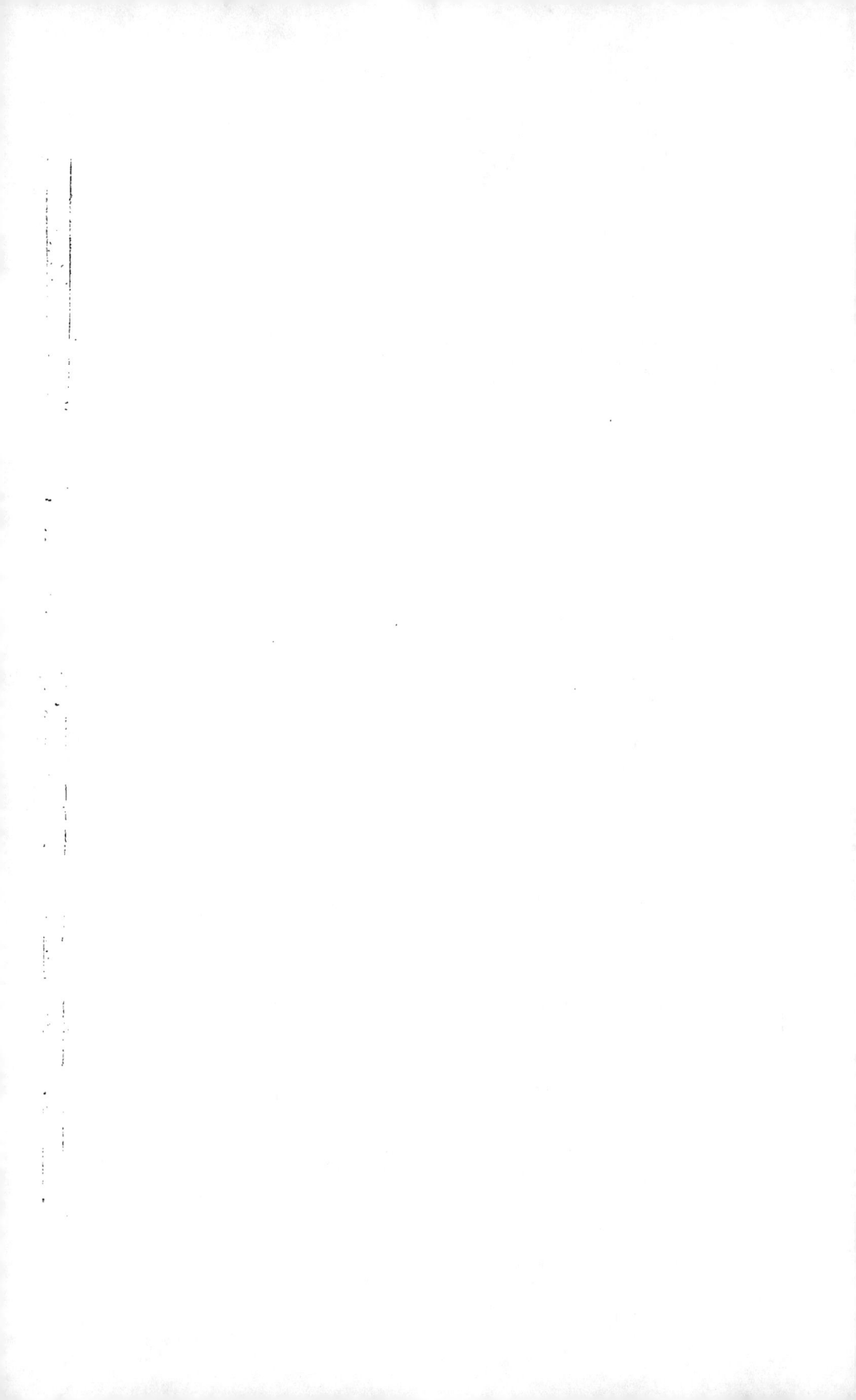

LA
MARQUISE DE GANGES.

LA MARQUISE DE GANGES.

1658.

A la mort de la marquise, sa fille, âgée de six ans à peine, était restée près de la douairière de Ganges, qui, lorsqu'elle eut atteint sa douzième année, lui présenta comme époux, le marquis de Perraut, qui avait été l'amant de son aïeule. Quoique septuagénaire, le marquis né sous Henri IV, avait vu la cour de Louis XIII, la jeunesse de Louis XIV, et en était resté un des seigneurs les plus élégans et les plus favorisés : il avait toutes les manières de ces deux époques, les plus galantes du monde, si bien que la jeune fille, qui ignorait encore ce que c'était que le mariage, qui n'avait point vu d'autre homme que celui qu'on lui présentait, céda sans répugnance, et se trouva heureuse de devenir Mme la marquise de Perraut.

Le marquis, qui était fort riche, s'était brouillé avec son frère cadet, et lui avait voué une telle haine, qu'il ne se mariait que pour lui enlever la succession à laquelle celui-ci avait droit, du moment où il mourait sans des-

CRIMES CÉLEBRES.

cendant. Malheureusement, il s'aperçut bientôt que le
moyen qu'il avait pris pour en obtenir, tout efficace qu'il
eût été à l'égard d'un autre, n'amènerait pour lui aucun résultat. Il ne se désespéra point cependant, et attendit une ou deux années, pensant chaque jour que le ciel
ferait un miracle en sa faveur ; mais comme chaque jour
enlevait quelque chance à la probabilité de ce miracle, et
que sa haine pour son frère s'augmentait de l'impossibilité où il était de se venger de lui, il prit un parti étrange
et tout-à-fait antique ; c'était, comme les anciens Spar-
tiates, d'obtenir avec l'aide d'un autre ce que le ciel lui
refusait à lui-même.

Le marquis n'eut pas besoin de chercher long-temps
autour de lui pour trouver celui qu'il chargerait du soin
de sa vengeance : il avait dans sa maison un jeune page
de dix-sept à dix-huit ans, fils d'un de ses amis décédé
sans fortune, et qui le lui avait tout particulièrement re-
commandé à son lit de mort : ce jeune homme, d'un an
plus âgé que sa jeune maîtresse, n'avait pu se trouver sans
cesse auprès d'elle, sans en devenir passionnément amoureux, et quelque soin qu'il prît de cacher cet amour, le
pauvre enfant était encore trop ignorant en dissimulation
pour avoir pu le dérober aux yeux du marquis, lequel
après en avoir vu les progrès avec inquiétude, commença
au contraire à s'en féliciter, du moment où il eut adopté
le parti que nous venons de dire.

Le marquis était lent à se décider, mais prompt à l'exécution : sa résolution bien arrêtée, il appela près de lui
son page, et après lui avoir fait promettre un secret in-

LA MARQUISE DE GANGES.

violable et s'être engagé, s'il le lui gardait, à lui en témoigner sa reconnaissance en lui achetant un régiment,
il lui exposa ce qu'il attendait de lui : le pauvre jeune
homme, qui ne s'attendait à rien moins qu'à une pareille
confidence, crut d'abord que c'était une ruse qu'employait
le marquis pour lui faire avouer son amour, et fut prêt à
se jeter à ses pieds et à lui tout dire; mais le marquis,
qui s'aperçut de son trouble, et qui en devina facilement
la cause, le rassura entièrement en lui jurant sur son
honneur, qu'il l'autorisait à tout entreprendre pour arriver au but qu'il désirait. Comme au fond de son cœur,
le jeune homme n'en avait pas d'autre, le marché fut
bientôt conclu ; le page s'engagea sur les sermens les plus
terribles à garder le secret : et le marquis, pour l'aider
autant qu'il était en lui, lui donna tous les moyens de
faire de la dépense, ne croyant pas qu'il y eût de femme,
si sage qu'elle fût, qui pût résister à la fois à la jeunesse,
à la beauté et à la fortune; malheureusement pour le
marquis, cette femme qu'il croyait introuvable existait, et
cette femme était la sienne.

Le page était si désireux d'obéir au marquis, que dès
le jour même sa maîtresse put s'apercevoir, dans les soins
qu'il lui rendait, dans la promptitude qu'il mettait à obéir
à ses ordres, dans la rapidité avec laquelle il les exécu-
tait, pour être quelques minutes plus tôt de retour auprès
d'elle, du changement occasionné par la permission qu'il
avait reçue. Elle lui en sut gré et l'en remercia dans
toute la naïveté de son ame : le surlendemain le page se
présenta devant elle, vêtu d'habits magnifiques ; elle l'en

trouva plus beau, le lui dit, et s'amusa à détailler toutes les parties de son costume, comme elle eût pu faire d'une nouvelle poupée. Cependant toute cette familiarité redoublait l'amour du pauvre jeune homme, qui n'en demeurait pas moins interdit et tremblant en face de sa maîtresse, comme Chérubin devant sa belle marraine ; chaque soir le marquis lui demandait où il en était, et chaque soir, le page avouait qu'il n'était pas plus avancé que la veille ; alors le marquis grondait, menaçait de retirer les beaux habits, de revenir sur les belles promesses, et enfin, de s'adresser à un autre : à cette dernière menace, le pauvre jeune homme reprenait courage, promettait d'être plus hardi le lendemain, et le lendemain passait sa journée à dire des yeux à sa maîtresse mille choses tendres, que celle-ci, dans son innocence, ne comprenait pas ; enfin un jour, que Mme de Perraut lui demandait ce qu'il avait à la regarder ainsi, il se hasarda à lui avouer son amour : mais alors changeant tout-à-coup de façons, Mme de Perraut prit un visage sévère, et lui ordonna de sortir de sa chambre.

Le pauvre amant obéit, et courut tout désolé confier son chagrin au mari : celui-ci parut le partager bien sincèrement, mais il le consola en lui disant, qu'il avait sans doute mal choisi son moment ; que toutes les femmes, même les moins sévères, avaient des heures néfastes pendant lesquelles elles étaient inattaquables, qu'il laissât écouler un ou deux jours, qu'il emploierait à faire sa paix, puis, qu'il profitât d'une meilleure occasion, et ne se laissât point rebuter ainsi pour quelques refus : à ces paroles

LA MARQUISE DE GANGES.

il ajouta une bourse pleine d'or, afin que le page, si besoin était, pût gagner la cameriste de confiance de la
marquise.

Guidé ainsi par la vieille expérience du mari, le page
commença de paraître bien honteux et bien repentant :
mais pendant un ou deux jours, malgré ces semblans
d'humilité, la marquise lui tint rigueur; enfin, en y réfléchissant sans doute, et avec l'aide de son miroir et de sa
femme de chambre, elle comprit que le crime n'était point
irrémissible, et après avoir fait au coupable une longue
semonce, qu'il écouta les yeux baissés, elle lui tendit la
main, lui pardonna, et l'admit comme autrefois dans son
intimité.

Les choses se passèrent ainsi pendant une semaine : le
page ne levait plus les yeux, n'osait ouvrir la bouche, et
la marquise commençait à regretter le temps où il regardait et parlait, lorsqu'un beau matin, qu'elle était à sa
toilette, où elle lui avait permis d'assister, il profita du
moment où la femme de chambre venait de la laisser
seule, pour se jeter à ses pieds, et lui dire que c'était inu-
tilement qu'il avait essayé de faire violence à son amour,
et que dût-il mourir sous le poids de son indignation, il
devait lui dire que cet amour était immense, éternel et
plus fort que sa vie; la marquise voulut alors le faire sortir comme la dernière fois, mais au lieu de lui obéir, le
page mieux renseigné la prit entre ses bras, la marquise
appela, cria, brisa les cordons de sa sonnette; la camé-
riste, gagnée par le conseil du marquis, avait écarté les
autres femmes, et se gardait bien de venir : la marquise

CRIMES CÉLÈBRES.

alors, repoussant la force par la force, se dégagea des bras du page, s'élança vers la chambre de son mari, et en désordre, les cheveux épars, la poitrine à moitié nue, plus belle que jamais, elle alla se jeter dans ses bras, lui demandant sa protection contre le jeune insolent qui venait de l'insulter; mais quel ne fut point l'étonnement de la marquise, quand, au lieu de la colère qu'elle croyait voir éclater, le marquis lui répondit froidement, que ce qu'elle disait là était incroyable; que ce jeune homme lui avait toujours paru fort sage, et que sans doute, ayant pour quelque cause frivole, pris du ressentiment contre lui, elle employait ce moyen pour s'en débarrasser; mais il ajouta, que quel que fût son amour pour elle, et son désir de lui être agréable en toute chose, il la priait de ne point exiger celle-là de lui, le jeune homme étant le fils de son ami, et par conséquent son enfant d'adoption : ce fut alors la marquise, qui se retira toute interdite à son tour, ne sachant que penser d'une pareille réponse, et se promettant, à défaut de la protection de son mari, de se garder elle-même retranchée dans sa sévérité.

En effet, à compter de ce moment, la marquise fut vis-à-vis du pauvre jeune homme, d'une telle pruderie, qu'aimant sincèrement comme il aimait, il en serait mort de douleur, s'il n'avait point eu là le marquis pour l'encourager et l'affermir. Néanmoins, celui-ci, commençait à désespérer lui-même, et la vertu de sa femme lui devenait plus à charge que ne l'eût été à un autre la facilité de la sienne. Enfin il résolut, voyant que les choses en restaient toujours au même point, et que la marquise ne

LA MARQUISE DE GANGES.

s'adoucissait aucunement, de prendre un parti extrême. Il fit cacher son page dans un cabinet de la chambre à coucher de sa femme, et se levant pendant son premier sommeil, il laissa libre la place qu'il occupait auprès d'elle, sortit doucement, ferma la porte à double tour, et écouta attentivement pour savoir ce qui allait se passer.

Il n'y avait pas dix minutes qu'il écoutait ainsi, lorsqu'il entendit dans la chambre un grand bruit, que cherchait en vain à apaiser le page; le marquis espérait toujours qu'il y réussirait, mais le bruit qui allait croissant lui prouva que cette fois encore, il se trompait : bientôt on cria au secours, car la marquise ne pouvait sonner, les cordons des sonnettes ayant été relevés plus haut qu'elle ne pouvait atteindre, et comme personne ne répondait à ses cris, il l'entendit sauter au bas du lit, courir à la porte, et la trouvant fermée, s'élancer vers la fenêtre, qu'elle tenta d'ouvrir : la scène était parvenue à son paroxysme.

Le marquis se décida alors à entrer, de peur qu'il n'arrivât malheur ou que les cris de sa femme n'attirassent quelque passant attardé qui, le lendemain, le rendrait la fable de la ville. A peine la marquise le vit-elle paraître qu'elle se jeta dans ses bras, et lui montrant le page :

— Eh bien, monsieur ! lui dit-elle ; hésiterez-vous encore à me défaire de cet insolent?

— Oui, madame, répondit le marquis, car cet insolent agit depuis trois mois non seulement avec mon autorisation, mais encore par mes ordres.

CRIMES CÉLÈBRES.

La marquise demeura stupéfaite. Alors le marquis, sans faire sortir le page, donna à sa femme l'explication de tout ce qui s'était passé, la suppliant de se prêter au désir qu'il avait d'obtenir un successeur, qu'il regarderait comme son propre enfant, pourvu qu'il le tînt d'elle; mais toute jeune qu'elle était, la marquise lui répondit avec une dignité étrange pour son âge, que le pouvoir qu'il avait sur elle, avait les bornes que la loi lui avait données, et non celles qu'il lui plairait de mettre en leur place, et, que quelque envie qu'elle eût de faire ce qui lui était agréable, elle ne lui obéirait cependant jamais aux dépens de son salut et de son honneur.

Une réponse si positive tout en désespérant le mari, lui prouva qu'il devait renoncer à obtenir de sa femme un héritier; mais comme il n'y avait point de la faute de son page, il acquitta, en lui achetant un régiment, la promesse qu'il lui avait faite, et se résigna à avoir la femme la plus vertueuse de France; au reste, sa pénitence ne fut pas longue: au bout de trois mois, il mourut, après avoir confié au marquis d'Urban, son ami, la cause de ses chagrins.

Le marquis d'Urban avait un fils en âge d'être établi: il pensa que rien ne lui pouvait mieux convenir qu'une femme dont la vertu était sortie triomphante d'une pareille épreuve; il laissa passer le temps du deuil, présenta le jeune marquis d'Urban, qui parvint à faire agréer ses soins à la belle veuve, et bientôt devint son époux. Plus heureux que son prédécesseur, le marquis d'Urban, au bout de deux ans et demi avait déjà trois héritiers à

LA MARQUISE DE GANGES.

opposer à ses collatéraux, lorsque le chevalier de Bouillon arriva dans la capitale du comtat Venaissin.

Le chevalier de Bouillon était le type des roués de l'époque, beau, jeune, bien fait, neveu d'un cardinal puissant à Rome, et fier de tenir à une maison qui avait des priviléges souverains. Le chevalier dans son indiscrète fatuité, n'épargnait aucune femme; si bien que sa conduite avait fait scandale dans le cercle de Mme de Maintenon, qui commençait d'entrer en puissance. Un de ses amis, témoin du mécontentement qu'avait manifesté contre lui Louis XIV, qui commençait à se faire dévot, avait cru lui rendre service en le prévenant que le roi gardait une dent contre lui.

— Pardieu, avait répondu le chevalier, je suis bien malheureux que la seule dent qui lui reste, lui soit demeurée pour me mordre.

Le mot avait fait du bruit et était revenu à Louis XIV, de sorte que le chevalier avait appris assez directement, cette fois, que le roi désirait qu'il voyageât pendant quelques années; il savait le danger de négliger de semblables invitations, il préférait encore la province à la Bastille; il avait donc quitté Paris et arrivait à Avignon avec tout l'intérêt qui s'attache à un jeune et beau seigneur persécuté.

La vertu de madame d'Urban faisait autant de bruit à Avignon que l'inconduite du chevalier avait fait de scandale à Paris. Une réputation égale à la sienne et dans un genre si opposé ne pouvait que l'offusquer étrangement; aussi prit-il en arrivant le parti de jouer l'une contre l'autre.

CRIMES CÉLÈBRES.

Rien n'était, au reste, plus commode que d'essayer.
M. d'Urban, sûr de la vertu de sa femme, lui laissait
toute liberté ; le chevalier la vit partout où il voulut
la voir, et chaque fois qu'il la vit, il trouva moyen
de lui témoigner un amour croissant. Soit que l'heure
de madame d'Urban fût venue, soit que l'honneur
qu'avait le chevalier d'appartenir à une maison princière
l'éblouît, sa vertu, jusqu'alors si farouche, fondit comme
la neige aux rayons du soleil de mai, et plus heureux que
le pauvre page, le chevalier prit la place du mari, sans
que cette fois madame d'Urban songeât à crier au secours.

Comme le chevalier ne cherchait qu'un triomphe public, il eut bientôt soin d'instruire toute la ville de son
bonheur; puis, comme quelques esprits-forts de l'endroit
doutaient encore, le chevalier ordonna à un de ses domestiques de l'attendre à la porte de la marquise avec
un fallot et une sonnette. A une heure du matin le chevalier sortit ; aussitôt le domestique marcha devant lui,
faisant sonner sa sonnette. A ce bruit inaccoutumé,
grand nombre de bourgeois qui dormaient tranquillement
se réveillèrent et, curieux de savoir ce qui se passait, ou-
vrirent leurs fenêtres. Alors ils virent le chevalier qui
marchant gravement derrière son domestique toujours
éclairant et sonnant, suivait les rues qui conduisaient de
la maison de madame d'Urban à la sienne. Comme il
n'avait fait mystère de sa bonne fortune à personne,
personne ne prit même la peine de lui demander d'où il
venait. Cependant, comme il pouvait rester encore des

LA MARQUISE DE GANGES.

incrédules, il répéta, pour sa propre satisfaction, trois nuits de suite, la même facétie; si bien que le quatrième jour au matin personne ne doutait plus.

Comme cela a coutume d'arriver en pareille circonstance, M. d'Urban ne sut pas un mot de ce qui se passait, jusqu'au moment où ses amis l'avertirent qu'il était la fable de la ville. Alors, il défendit à sa femme de revoir son amant. Cette défense porta ses fruits ordinaires. Le lendemain, dès que M. d'Urban fut sorti, la marquise envoya chercher le chevalier pour lui annoncer leur commune disgrâce; mais elle le trouva bien mieux préparé qu'elle contre de pareils coups, et il essaya de lui prouver, en lui reprochant l'imprudence de sa conduite, que tout cela était sa faute; si bien que la pauvre femme, convaincue que c'était elle qui s'était attiré ses malheurs, fondit en larmes. Pendant ce temps, M. d'Urban, qui, jaloux pour la première fois, l'était d'autant plus sérieusement, ayant appris que le chevalier était chez sa femme, ferma les portes et se plaça dans l'antichambre avec ses domestiques pour le saisir lorsqu'il sortirait. Mais le chevalier, que les larmes de madame d'Urban ne préoccupaient pas, entendit tous les préparatifs, et se doutant de quelque guet-apens, ouvrit la fenêtre, et bien qu'il fût une heure de l'après-midi, et que la place fût pleine de monde, il sauta de la fenêtre dans la rue sans se faire aucun mal, quoiqu'il y eût une vingtaine de pieds de hauteur, et s'en retourna chez lui sans presser autrement le pas.

Le même soir, le chevalier, dans l'intention de ra-

CRIMES CÉLÈBRES.

conter cette nouvelle aventure dans tous ses détails, invita quelques-uns de ses amis à souper avec lui chez un
pâtissier nommé Lecoq, frère du fameux Lecoq de la rue
Montorgueil : c'était le plus habile traiteur d'Avignon,
et lui-même, par une corpulence plus qu'ordinaire, faisait
l'éloge de sa cuisine, et servait d'ordinaire d'enseigne à son
restaurant, en se tenant sur sa porte. Le brave homme
sachant à quels fins appétits il avait affaire, fit ce soir-là de
son mieux, et voulut, pour qu'ils ne manquassent de rien,
servir ses convives lui-même. Ceux-ci passèrent la nuit à
boire, et vers le matin, comme le chevalier et ses compagnons étaient ivres, ils avisèrent leur hôte, qui, le visage
riant et épanoui, se tenait respectueusement à la porte.
Alors le chevalier le fit approcher, lui versa un verre de
vin et le força de trinquer avec eux ; puis, comme confus
de cet honneur, le pauvre diable le remerciait avec force
révérences : — Pardieu, lui dit-il, tu es trop gras pour
un coq, et il faut que je fasse de toi un chapon. — Cette
étrange proposition fut reçue comme elle devait l'être par
des hommes ivres et habitués par leur position à l'impunité. Le malheureux traiteur fut pris, attaché sur la
table, et mourut pendant l'opération. Le vice-légat, averti
de ce meurtre par un des garçons qui, aux cris de son
maître, était accouru et l'avait trouvé tout sanglant aux
mains de ses bourreaux, eut d'abord envie de faire arrêter
le chevalier et d'en tirer une éclatante justice. Mais il
en fut empêché par la considération qu'il portait au cardinal de Bouillon, son oncle, et se contenta de lui faire
dire que, s'il ne sortait pas à l'instant même de la ville,

LA MARQUISE DE GANGES.

il le ferait remettre aux mains de la justice, et laisserait
le procès suivre son cours. Le chevalier, qui commençait
à avoir assez d'Avignon, n'en demanda point davantage,
fit graisser les roues de sa chaise, et commanda les chevaux. Cependant, en attendant qu'ils fussent arrivés, il
lui prit le désir de revoir madame d'Urban.

Comme la dernière maison où le chevalier fût attendu
à cette heure, après la manière dont il en était sorti la
veille, était celle de la marquise, il y pénétra avec la plus
grande facilité, et rencontrant la femme de chambre, qui
était dans ses intérêts, il se fit introduire par elle auprès
de la marquise. Celle-ci, qui ne comptait plus revoir le
chevalier, le reçut avec tous les transports de joie dont
une femme qui aime est capable, surtout lorsque cet
amour lui est défendu. Mais le chevalier y mit bientôt
fin, en lui annonçant que sa visite était une visite d'adieu,
et en lui racontant la cause qui le forçait de la quitter;
pareille à cette femme qui plaignait les chevaux qui écar-
telaient Damiens de la fatigue que les pauvres bêtes
étaient obligées de prendre, toute la commisération de la
marquise tomba sur le chevalier, que l'on forçait, pour
une pareille misère, à quitter Avignon. Enfin, il fallut
se dire adieu, et comme en ce moment fatal, le chevalier,
ne sachant que dire, se plaignait de ne pas avoir de souvenir de la marquise, celle-ci fit décrocher un cadre dans
lequel était un portrait d'elle, faisant pendant à celui de
son mari, et, déchirant la toile elle en fit un rouleau et le
donna au chevalier. Mais celui-ci, au lieu d'être touché de
cette preuve d'amour, le déposa, en sortant, sur une

CRIMES CÉLÈBRES.

commode, où une demi-heure après, la marquise l'aperçut ; alors, elle se figura que dans sa préoccupation pour
l'original il avait oublié la copie, et se représentant la
douleur où devait être le chevalier d'un oubli pareil, elle
fit venir un valet, et lui remettant la toile, elle lui ordonna de monter à cheval, et de courir après la chaise
du chevalier. Le valet prit la poste, et comme il fit grande
diligence il aperçut de loin le fugitif qui achevait de re-
layer. Il fit alors de grands gestes et de grands cris pour
que le postillon attendît. Mais le postillon ayant dit au
chevalier qu'on apercevait un homme qui arrivait à toute
bride, celui-ci crut qu'il était poursuivi, et ordonna de
repartir à fond de train. Cet ordre fut si bien exécuté,
que ce ne fut qu'une lieue et demie plus loin que le malheureux valet parvint à rejoindre la chaise ; et ayant arrêté le postillon, descendit de cheval, et présenta fort
respectueusement au chevalier le portrait qu'il était chargé
de lui remettre. Celui-ci, revenu de sa première frayeur,
l'envoya promener, et l'invita à reporter le portrait à celle
qui le lui envoyait, attendu qu'il n'en savait que faire.
Mais le valet, en messager fidèle, répondit qu'il avait reçu
un ordre positif, et qu'il n'oserait se représenter devant
madame d'Urban sans l'avoir exécuté. Le chevalier, voyant
alors qu'il ne pouvait vaincre l'obstination de cet homme,
fit demander par le postillon, à un maréchal ferrant dont
la maison se trouvait sur la route, un marteau avec quatre
cious, et cloua lui-même le portrait derrière sa chaise ;
puis il remonta en voiture, ordonna au postillon de fouet-
ter ses chevaux, et repartit, laissant l'envoyé de madame

LA MARQUISE DE GANGES.

d'Urban très-étonné de l'usage que le chevalier avait fait du portrait de sa maîtresse.

A la poste suivante, le postillon, qui s'en retournait, demanda son argent; le chevalier répondit qu'il n'en avait point. Le postillon insista, alors le chevalier descendit de sa chaise et décloua le portrait de madame d'Urban, en lui disant qu'il n'avait qu'à le mettre en vente à Avignon, et raconter de quelle manière il était tombé en sa possession, et qu'il lui rapporterait vingt fois le prix de la poste : le postillon, qui vit qu'il n'y avait pas autre chose à tirer du chevalier, accepta le gage, et suivant de point en point ses instructions, l'exposa le lendemain à la porte d'un fripier de la ville, avec une narration exacte de l'histoire. Le même jour, le portrait fut racheté vingt-cinq louis.

Comme on le devine bien, l'aventure fit grand bruit par toute la ville. Le lendemain, madame d'Urban disparut sans qu'on sût où elle allait, au moment même où les parens du marquis tenaient une assemblée dans laquelle il fut décidé que l'on solliciterait du roi une lettre de cachet. Un des membres de cette assemblée, qui partait le lendemain pour Paris, fut chargé de faire les démarches nécessaires; mais soit qu'il n'y mît point l'activité convenable, soit qu'il fût dans les intérêts de madame d'Urban, on n'entendit point reparler, à Avignon, du résultat de ses démarches. Pendant ce temps, madame d'Urban, qui s'était retirée chez une tante, entama avec son mari des négociations qui furent suivies du plus heureux succès, et un mois après cette aventure, rentra triomphalement dans la maison conjugale.

CRIMES CELEBRES.

Deux cents pistoles, données par le cardinal de Bouillon, apaisèrent les parens du malheureux pâtissier, qui avaient d'abord dénoncé l'affaire à la justice, et qui bientôt retirèrent leur plainte, en publiant qu'ils s'étaient trop pressés de se porter parties, sur un conte fait à plaisir, et que de plus amples renseignemens leur avaient appris depuis que leur parent était mort d'une apoplexie foudroyante.

Grâce à cette déclaration, qui disculpa le chevalier de Bouillon dans l'esprit du roi, il put, après un voyage de deux ans en Italie et en Allemagne, revenir en France sans êtres aucunement inquiété.

Ainsi finit, non pas la famille de Gange, mais le bruit que cette famille fit dans le monde. De temps en temps, cependant, le dramaturge ou le romancier exhume la pâle et sanglante figure de la marquise, pour la faire apparaître, soit sur la scène, soit dans un livre ; mais à elle presque toujours se borne l'évocation, et beaucoup qui ont écrit sur la mère ne savent pas même ce que sont devenus les enfans. Notre intention a été de combler cette lacune : voilà pourquoi nous avons voulu raconter ce qu'avaient omis nos devanciers et offrir à nos lecteurs ce que leur offre le théâtre, et souvent même le monde, — la comédie après le drame.

NOTES.

NOTES.

¹ Interrogatoire de la Voisin; Guyot de Pitaval : Annales du crime et de l'innocence.

² C'est à cette brochure, ainsi qu'au *Récit dd la mort de madame la marquise de Ganges, ci-devant marquise de Castellane*, publiée à Paris en 1667, chez Jacques Legentil, que nous empruntons les principales circonstances de cette tragique histoire. Nous devons joindre à ces deux documents, et pour n'avoir pas l'embarras de renvoyer à tout moment nos lecteurs aux originaux, les *Causes célèbres de Guyot de Pitaval*, la *Vie de Marie de Rossan*, et les *Lettres galantes de madame Desnoyers*.

³ Tous les contemporains sont, au reste, d'accord sur cette beauté merveilleuse; voici un second portrait de la marquise, tracé dans un caractère et un style qui appartiennent encore mieux à cette époque.

« Vous vous souviendrez qu'elle était d'un teint plus uni et plus fin qu'une glace, que sa blancheur était si bien confondue avec la vivacité du sang, qu'il ne s'est jamais vu de mélange si juste pour rendre un visage tendrement animé ; ses yeux et ses cheveux étaient plus noirs que du jais; ses yeux, dis-je, dont on avait peine à supporter les regards dans leur excès de lumière, qui ont passé pour un miracle de tendresse et de vivacité, et qui, ayant fait en mille occasions l'emploi des mots les plus galants du temps, aussi bien que le supplice de quantité de téméraires, doivent me dispenser, si je ne m'arrête pas davantage à faire leur éloge, dans une lettre : sa bouche était la partie de ce visage qui faisait avouer aux plus critiques de n'en avoir jamais vu de pareille en perfection, et qu'elle pouvait servir de modèle par son tour, sa petitesse et son éclat, à toutes celles dont on vante si fort la douceur et les agrémens ; elle avait le nez conforme à la belle disposition de toutes ses parties, c'est-à-dire le mieux fait du monde : tout le tour du visage était parfaitement rond et d'un embonpoint si charmant, qu'il ne s'est jamais trouvé tout à la fois tant de beautés jointes ensemble. L'air de cette tête était d'une douceur sans égale et d'une majesté quelle familiarisait plutôt par tempérament que par étude ; sa taille était riche, sa parole agréable, sa démarche noble, son maintien aisé, son humeur sociable, son esprit sans malice et d'un grand fonds de bonté.

CRIMES CÉLÈBRES.

SONNET.

Dieux! si rien ici-bas n'arrive à l'........ aventure,
Quel démon mit au jour ce cruel......... chevalier
Dont le bras inhumain s'est rendu........ meurtrier
De l'objet le plus beau qui fût dans la.... nature?

Ah! détestable main! si cette........... créature
N'a pu par tant d'appas te vaincre et te... lier,
De quel autre pouvoir craindras-tu la.... censure?
L'honneur ni la pitié n'oseraient te...... prier.

L'enfer frémit d'horreur après ton....... sacrilége,
Et jamais ses bourreaux n'auront le...... privilége
D'exercer contre toi de telles........... cruautés!

Achève, traître, achève, et par tes coups... tragiques,
Imite l'attentat des plus fiers...... ... hérétiques :
        Fais mourir les............ divinités.

AUTRE SONNET.

LA QUERELLE DES DEUX ASSASSINS.

Qui de vous emporta l'honneur de l'..... aventure,
Abbé désespéré, perfide................ chevalier,
Qui de l'empoisonneur ou bien du....... meurtrier
Doit faire plus d'horreur à toute la..... nature?

Vous avez mis à mort l'aimable........ créature
Qui vit parfois en vain les Dieux la sup... plier,
Celle dont la vertu méprisa la.......... censure,
On la vit à vos pieds, mais en vain, vous... prier.

Couple lâche et maudit, profane et...... sacrilége,
Cessez de vous choquer par un tel...... privilége;
L'un et l'autre assassin excelle en........ cruauté.

Vous êtes deux acteurs egalement....... tragiques;
Vos coups plus dangereux que ceux des... hérétiques
Ont su rendre mortelle une............. divinité.

MURAT.

MURAT.

1815.

Le 18 juin 1815, à l'heure meme où les destinées de
l'Europe se décidaient à Waterloo, un homme babillé
en mendiant suivait silencieusement la route de Toulon
à Marseille. Arrivé à l'entrée des gorges d'Ollioulles, il
s'arrêta sur une petite éminence qui lui permettait de
découvrir tout le paysage qui l'entourait : alors, soit
qu'il fût parvenu au terme de son voyage, soit qu'avant
de s'engager dans cet âpre et sombre défilé, qu'on appelle les Thermopyles de la Provence, il voulût jouir encore quelque temps de la vue magnifique qui se dérou-
lait à l'horizon méridional, il alla s'asseoir sur le talus
du fossé qui bordait la grande route, tournant le dos
aux montagnes qui s'élèvent en amphithéâtre au nord de
la ville, et ayant par conséquent à ses pieds une riche
plaine, dont la végétation asiatique rassemble, comme
dans une serre, des arbres et des plantes inconnus au

CRIMES CÉLÈBRES.

reste de la France. Au-delà de cette plaine resplendis-
sante des derniers rayons du soleil, s'étendait la mer,
calme et unie comme une glace, et à la surface de l'eau
glissait légèrement un seul brick de guerre, qui, profitant d'une fraîche brise, lui ouvrait toutes ses voiles,
et, poussé par elles, gagnait rapidement la mer d'Italie.
Le mendiant le suivit avidement des yeux, jusqu'au
moment où il disparut entre la pointe du cap de Gien
et la première des îles d'Hyères ; puis, dès que la blanche apparition se fut effacée, il poussa un profond soupir,
laissa retomber son front entre ses mains, et resta immobile et absorbé dans ses réflexions, jusqu'au moment
où le bruit d'une cavalcade le fit tressaillir ; il releva
aussitôt la tête, secoua ses longs cheveux noirs, comme
s'il voulait faire tomber de son front les amères pensées
qui l'accablaient, et fixant les yeux vers l'entrée des
gorges, du côté d'où venait le bruit, il en vit bientôt
sortir deux cavaliers qu'il reconnut sans doute ; car aussitôt se relevant de toute sa hauteur, il laissa tomber le
bâton qu'il tenait à la main, croisa les bras et se tourna
vers eux. De leur côté, les nouveaux arrivans l'eurent à
peine aperçu qu'ils s'arrêtèrent, et que celui qui marchait
le premier descendit de cheval, jeta la bride au bras de
son compagnon, et mettant le chapeau à la main, quoiqu'il fût à plus de cinquante pas de l'homme aux haillons,
s'avança respectueusement vers lui ; le mendiant le laissa
approcher d'un air de dignité sombre et sans faire un seul
mouvement, puis lorsqu'il ne fut plus qu'à une faible
distance :

MURAT.

— Eh bien! monsieur le maréchal, lui dit-il, avez-vous reçu des nouvelles?

— Oui, sire, répondit tristement celui qu'il interrogeait.

— Et quelles sont-elles?....

— Telles que j'eusse préféré que tout autre que moi les annonçât à votre majesté...

— Ainsi l'empereur refuse mes services! il oublie les victoires d'Aboukir, d'Eylau, de la Moscowa?

— Non, sire; mais il se souvient du traité de Naples, de la prise de Reggio et de la déclaration de guerre au vice-roi d'Italie!

Le mendiant se frappa le front.

— Oui, oui, à ses yeux peut-être ai-je mérité ces reproches; mais il me semble cependant qu'il devait se rappeler qu'il y eut deux hommes en moi, le soldat dont il a fait son frère, et son frère dont il a fait un roi... Oui, comme frère, j'eus des torts et de grands torts, envers lui; mais comme roi, sur mon ame! je ne pouvais faire autrement... Il me fallait choisir entre mon sabre et ma couronne, entre un régiment et un peuple!... Tenez, Brune, vous ne savez pas comment la chose s'est passée! Il y avait une flotte anglaise dont le canon grondait dans le port; il y avait une population napolitaine qui hurlait dans les rues. Si j'avais été seul, j'aurais passé avec un bateau au milieu de la flotte, avec mon sabre au milieu de la foule; mais j'avais une femme, des enfans. Cependant j'ai hésité, l'idée que l'épithète de traître et de transfuge s'attacherait à mon nom m'a fait verser plus de larmes que ne m'en coûtera jamais la perte de mon trône, et peut-être la mort des êtres que j'aime le plus... Enfin il ne veut pas de moi, n'est-ce pas?... Il me refuse comme général, comme capitaine, comme soldat?... Que me reste-t-il donc à faire?...

— Sire, il faut que votre majesté sorte à l'instant de France.

— Et si je n'obéissais pas?

— Mes ordres sont alors de vous arrêter et de vous livrer à un conseil de guerre!...

— Ce que tu ne ferais pas, n'est-ce pas, mon vieux camarade?

— Ce que je ferais, en priant Dieu de me frapper de mort au moment où j'étendrai la main sur vous!

— Je vous reconnais là, Brune; vous avez pu rester brave et loyal, vous! Il ne vous a pas donné un royaume, il ne vous a pas mis autour du front ce cercle de feu, qu'on appelle une couronne et qui rend fou; il ne vous a pas placé entre votre conscience et votre famille. Ainsi, il me faut quitter la France, recommencer la vie errante, dire adieu à Toulon, qui me rappelait tant de souvenirs! Tenez, Brune, continua Murat en s'appuyant sur le bras du maréchal, ne voilà-t-il pas des pins aussi beaux que ceux de la villa Pamphile, des palmiers pareils à ceux du Caire, des montagnes qu'on croirait une chaîne du Tyrol? Voyez à gauche ce cap de Gien, n'est-ce pas, moins le Vésuve, quelque chose comme Castellamare et Sorrente? Et tenez, Saint-Mandrier, qui ferme là-bas le golfe, ne ressemble-t-il pas à mon rocher de Caprée, que

MURAT.

Lamarque a si bien escamoté à cet imbécile d'Hudson
Lowe? Ah! mon Dieu! et il me faut quitter tout cela!
Il n'y a pas moyen de rester sur ce coin de terre fran-
çaise, dites Brune?...

— Sire, vous me faites bien mal? répondit le maréchal.

— C'est vrai; ne parlons plus de cela. Quelles nouvelles?...

— L'empereur est parti de Paris pour rejoindre l'armée; on doit se battre à cette heure...

— On doit se battre à cette heure, et je ne suis pas
là! Oh! je sens que je lui aurais été cependant bien utile
un jour de bataille! Avec quel plaisir j'aurais chargé sur
ces misérables Prussiens et sur ces infâmes Anglais!
Brune, donnez-moi un passeport, je partirai à franc
étrier, j'arriverai où sera l'armée, je me ferai reconnaître à un colonel, je lui dirai : Donnez-moi votre régiment; je chargerai avec lui; et si le soir l'empereur ne
me tend pas la main, je me brûlerai la cervelle, je vous
en donne ma parole d'honneur!... Faites ce que je vous
demande, Brune, et de quelque manière que cela finisse,
je vous en aurai une reconnaissance éternelle!

— Je ne puis, sire...

— C'est bien, n'en parlons plus.

— Et votre majesté va quitter la France?

— Je ne sais; du reste, accomplissez vos ordres, maréchal, et si vous me retrouvez, faites-moi arrêter; c'est
encore un moyen de faire quelque chose pour moi!...
La vie m'est aujourd'hui un lourd fardeau, et celui

qui m'en délivrera sera le bien venu... Adieu, Brune.

Et il tendit la main au maréchal; celui-ci voulut la lui baiser; mais Murat ouvrit ses bras, les deux vieux compagnons se tinrent un instant embrassés, la poitrine gonflée de soupirs, les yeux pleins de larmes; puis enfin ils se séparèrent. Brune remonta à cheval; Murat reprit son bâton, et ces deux hommes s'éloignèrent chacun de son côté, l'un pour aller se faire assassiner à Avignon, et l'autre pour aller se faire fusiller au Pizzo.

Pendant ce temps, comme Richard III, Napoléon échangeait à Waterloo sa couronne pour un cheval.

Après l'entrevue que nous venons de rapporter, l'ex-roi de Naples se retira chez son neveu, qui se nommait Bonafoux, et qui était capitaine de frégate; mais cette retraite ne pouvait être que provisoire, la parenté devait éveiller les soupçons de l'autorité. En conséquence, Bonafoux songea à procurer à son oncle un asile plus secret. Il jeta les yeux sur un avocat de ses amis, dont il connaissait l'inflexible probité, et le soir même il se présenta chez lui. Après avoir causé de choses indifférentes, il lui demanda s'il n'avait pas une campagne au bord de la mer, et sur sa réponse affirmative, il s'invita pour le lendemain à déjeuner chez lui; la proposition, comme on le pense, fut acceptée avec plaisir.

Le lendemain, à l'heure convenue, Bonafoux arriva à Bonette; c'était le nom de la maison de campagne qu'habitaient la femme et la fille de M. Marouin. Quant à lui, attaché au barreau de Toulon, il était obligé de rester dans cette ville. Après les premiers complimens d'usage,

MURAT.

Bonafoux s'avança vers la fenêtre, et faisant signe à Marouin de le rejoindre :

— Je croyais, lui dit-il avec inquiétude, que votre campagne était située plus près de la mer.

— Nous en sommes à dix minutes de chemin à peine.

— Mais on ne l'aperçoit pas.

— C'est cette colline qui nous empêche de la voir.

— En attendant le déjeuner, voulez-vous que nous allions faire un tour sur la côte?

— Volontiers, votre cheval n'est pas encore dessellé, je vais faire mettre la selle au mien, et je viens vous reprendre.

Marouin sortit. Bonafoux resta devant la fenêtre, absorbé dans ses pensées. Au reste, les maîtresses de la maison, distraites par les préparatifs du déjeuner, ne remarquèrent point ou ne parurent point remarquer sa préoccupation. Au bout de cinq minutes Marouin rentra : tout était prêt. L'avocat et son hôte montèrent à cheval et se dirigèrent rapidement vers la mer. Arrivés sur la grève, le capitaine ralentit le pas de sa monture, et, longeant la plage pendant une demi-heure à peu près, il parut apporter la plus grande attention au gisement des côtes. Marouin le suivait sans lui faire de questions sur cet examen, que la qualité d'officier de marine rendait tout naturel. Enfin, après une heure de marche, les deux convives rentrèrent à la maison de campagne. Marouin voulut faire desseller les chevaux ; mais Bonafoux s'y opposa, disant qu'aussitôt après le déjeuner il était obligé de retourner à Toulon. Effectivement, à peine le

CRIMES CELÈBRES.

café était-il enlevé que le capitaine se leva et prit congé de ses hôtes. Marouin, rappelé à la ville par ses affaires, monta à cheval avec lui, et les deux amis reprirent ensemble le chemin de Toulon.

Au bout de dix minutes de marche, Bonafoux se rapprocha de son compagnon de route, et lui appuyant la main sur la cuisse :

— Marouin, lui dit-il, j'ai quelque chose de grave a vous dire, un secret important à vous confier.

— Dites, capitaine. Après les confesseurs, vous savez qu'il n'y a rien de plus discret que les notaires, et après les notaires que les avocats.

— Vous pensez bien que je ne suis pas venu à votre campagne pour le seul plaisir de faire une promenade. Un objet plus important, une responsabilité plus sérieuse me préoccupent, et je vous ai choisi entre tous mes amis, pensant que vous m'étiez assez dévoué pour me rendre un grand service.

— Vous avez bien fait, capitaine.

— Venons au fait clairement et rapidement, comme il convient de le faire entre hommes qui s'estiment et qui comptent l'un sur l'autre. Mon oncle, le roi Joachim, est proscrit ; il est caché chez moi, mais il ne peut y rester, car je suis la première personne chez laquelle on viendra faire visite. Votre campagne est isolée, et, par conséquent, on ne peut plus convenable pour lui servir de retraite. Il faut que vous la mettiez à notre disposition jusqu'au moment où les événemens permettront au roi de prendre une détermination quelconque.

MURAT.

— Vous pouvez en disposer, dit Marouin.

— C'est bien ; mon oncle y viendra coucher cette nuit.

— Mais donnez-moi le temps au moins de la rendre digne de l'hôte royal que je vais avoir l'honneur de recevoir.

— Mon pauvre Marouin, vous vous donneriez une peine inutile, et vous nous imposeriez un retard fâcheux. Le roi Joachim a perdu l'habitude des palais et des courtisans ; il est trop heureux aujourd'hui quand il trouve une chaumière et un ami ; d'ailleurs je l'ai prévenu, tant d'avance j'étais sûr de votre réponse. Il compte coucher chez vous ce soir ; si maintenant j'essayais de changer quelque chose à sa détermination, il verrait un refus dans ce qui ne serait qu'un délai, et vous perdriez tout le mérite de votre belle et bonne action. Ainsi, c'est chose dite : ce soir, à dix heures, au Champ-de-Mars.

A ces mots, le capitaine mit son cheval au galop et disparut. Marouin fit tourner bride au sien, et revint à sa campagne donner les ordres nécessaires à la réception d'un étranger dont il ne dit pas le nom.

A dix heures du soir, ainsi que la chose avait été convenue, Marouin était au Champ-de-Mars, encombré alors par l'artillerie de campagne du maréchal Brune. Personne n'était arrivé encore. Il se promenait entre les caissons, lorsque le factionnaire vint à lui et lui demanda ce qu'il faisait. La réponse était assez difficile : on ne se promène guère pour son plaisir à dix heures du soir au milieu d'un parc d'artillerie ; aussi demanda-t-il à parler au chef du poste. L'officier s'avança : M. Marouin se

CRIMES CÉLÈBRES.

fit reconnaître à lui pour avocat, adjoint au maire de la
ville de Toulon, lui dit qu'il avait donné rendez-vous à
quelqu'un au Champ-de-Mars , ignorant que ce fût
chose défendue, et qu'il attendait cette personne. En
conséquence de cette explication, l'officier l'autorisa à
rester et rentra au poste. Quant à la sentinelle, fidèle
observatrice de la subordination, elle continua sa promenade mesurée sans s'inquiéter davantage de la présence
d'un étranger.

Quelques minutes après, un groupe de plusieurs personnes parut du côté des Lices. Le ciel était magnifique,
la lune brillante. Marouin reconnut Bonafoux et s'avança
vers lui. Le capitaine lui prit aussitôt la main, le conduisit au roi, et s'adressant successivement à chacun
d'eux : — Sire, dit-il, voici l'ami dont je vous ai parlé. —
Puis, se retournant vers Marouin : — Et vous, lui dit-il,
voici le roi de Naples, proscrit et fugitif, que je vous
confie. Je ne parle pas de la possibilité qu'il reprenne un
jour sa couronne; ce serait vous ôter tout le mérite de
votre belle action... Maintenant servez—lui de guide,
nous vous suivrons de loin ; marchez.

Le roi et l'avocat se mirent en route aussitôt. Murat
était alors vêtu d'une redingote bleue, moitié militaire
moitié civile, et boutonnée jusqu'en haut; il avait un
pantalon blanc et des bottes à éperons. Il portait les cheveux longs, de larges moustaches et d'épais favoris qui
lui faisaient le tour du cou. Tout le long de la route il in-
terrogea son hôte sur la situation de la campagne qu'il
allait habiter et sur la facilité qu'il aurait, en cas d'alerte,

MURAT.

à gagner la mer. Vers minuit le roi et Marouin arrivèrent à Bonette ; la suite royale les rejoignit au bout de
dix minutes : elle se composait d'une trentaine de personnes. Après avoir pris quelques rafraîchissemens, cette
petite troupe, dernière cour du roi déchu, se retira pour
se disperser dans la ville et ses environs, et Murat resta
seul avec les femmes, ne gardant auprès de lui qu'un seul
valet de chambre nommé Leblanc.

Murat resta un mois à peu près dans cette solitude,
occupant toutes ses journées à répondre aux journaux
qui l'avaient accusé de trahison envers l'empereur. Cette
accusation était sa préoccupation, son fantôme, son
spectre : jour et nuit il essayait de l'écarter en cherchant
dans la position difficile où il s'était trouvé toutes les
raisons qu'elle pouvait lui offrir d'agir comme il avait
agi. Pendant ce temps, la désastreuse nouvelle de la défaite de Waterloo s'était répandue. L'empereur, qui
venait de proscrire, était proscrit lui-même, et il attendait à Rochefort, comme Murat à Toulon, ce que les ennemis allaient décider de lui. On ignore encore à quelle voix
intérieure a cédé Napoléon lorsque, repoussant les con-
seils du général Lallemand et le dévouement du capitaine
Baudin, il préféra l'Angleterre à l'Amérique, et s'en alla,
moderne Prométhée, s'étendre sur le rocher de Sainte-
Hélène. Nous allons dire, nous, quelle circonstance for-
tuite conduisit Murat dans les fossés de Pizzo ; puis nous
laisserons les fatalistes tirer de cette étrange histoire telle
déduction philosophique qu'il leur plaira. Quant à nous,
simple annaliste, nous ne pouvons que répondre de l'exac-

CRIMES CÉLÈBRES.

titude des faits que nous avons déjà racontés et de ceux qui vont suivre.

Le roi Louis XVIII était remonté sur le trône ; tout espoir de rester en France était donc perdu pour Murat; il fallait partir. Son neveu Bonafoux fréta un brick pour les États-Unis sous le nom du prince de Rocca Romana. Toute la suite se rendit à bord, et l'on commença d'y faire transporter les objets précieux que le proscrit avait pu sauver dans le naufrage de sa royauté. D'abord ce fut un sac d'or pesant cent livres à peu près, une garde d'épée sur laquelle étaient les portraits du roi, de la reine et de ses enfans, et les actes de l'état civil de sa famille, reliés en velours et ornés de ses armes. Quant à Murat, il avait gardé sur lui une ceinture dans laquelle était, entre quelques papiers précieux, une vingtaine de diamans dé- montés qu'il estimait lui-même à une valeur de quatre millions.

Tous ces préparatifs de départ arrêtés, il fut convenu que le lendemain, 1er août, à cinq heures du matin, la barque du brick viendrait chercher le roi dans une petite baie distante de dix minutes de chemin de la maison de campagne qu'il habitait. Le roi passa la nuit à tracer à M. Marouin un itinéraire à l'aide duquel il devait arriver jusqu'à la reine, qui alors était, je crois, en Autriche. Au moment de partir il fut terminé, et en quittant le seuil de cette maison hospitalière, où il avait trouvé un re- fuge, il le remit à son hôte avec un volume de Voltaire que son édition stéréotype rendait portatif. Au bas du conte de *Micromégas* le roi avait écrit :

MURAT.

« Tranquillise-toi, ma chère Caroline ; quoique bien malheureux, je suis libre. Je pars sans savoir où je vais ; mais partout où j'irai, mon cœur sera à toi et à mes enfans.

» **J. M.** »

Dix minutes après, Murat et son hôte attendaient sur la plage de Bonette l'arrivée du canot qni devait conduire le fugitif à son bâtiment.

Ils attendirent ainsi jusqu'à midi, et rien ne parut ; et cependant ils voyaient à l'horizon le brick sauveur qui, ne pouvant tenir l'encre à cause de la profondeur de la mer, courait des bordées, au risque, par cette manœuvre, de donner l'éveil aux sentinelles de la côte. A midi, le roi, écrasé de fatigue, brûlé par le soleil, était couché sur la plage, lorsqu'un domestique arriva portant quelques rafraîchissemens que madame Marouin, inquiète, envoyait à tout hasard à son mari. Le roi prit un verre d'eau rougie, mangea une orange, se releva un instant pour regarder si dans l'immensité de cette mer il ne verrait pas venir à lui la barque qu'il attendait. La mer était déserte, et le brick seul se courbait gracieusement à l'horizon, impatient de partir comme un cheval qui attend son maître.

Le roi poussa un soupir et se recoucha sur le sable. Le domestique retourna à Bonette avec l'ordre d'envoyer à la plage le frère de M. Marouin. Un quart d'heure après il arrivait, et presque aussitôt il repartait à grande course de cheval pour Toulon, afin de savoir de M. Bonafoux

la cause qui avait empêché la barque de venir prendre
le roi. En arrivant chez le capitaine il trouva la maison
envahie par la force armée ; on faisait une visite domi-
ciliaire dont Murat était l'objet. Le messager parvint
enfin au milieu du tumulte jusqu'à celui auprès duquel il
était envoyé, et là, il apprit que le canot était parti à
l'heure convenue, et qu'il fallait qu'il se fût égaré dans
les calangues de Saint-Louis et de Sainte-Marguerite.
C'est en effet ce qui était arrivé. A cinq heures M. Marouin rapportait ces nouvelles à son frère et au roi Elles
étaient embarrassantes. Le roi n'avait plus le courage de
défendre sa vie, même par la fuite; il était dans un de
ces momens d'abattement qui saisissent parfois l'homme
le plus fort, incapable d'émettre une opinion pour sa
propre sûreté, et laissant M. Marouin maître d'y pourvoir comme bon lui semblerait. En ce moment un pêcheur rentrait en chantant dans le port. Marouin lui fit
signe de venir, il obéit.

Marouin commença par acheter à cet homme tout le
poisson qu'il avait pris; puis, après qu'il l'eut payé avec
quelques pièces de monnaie, il fit briller de l'or à ses yeux,
et lui offrit trois louis s'il voulait conduire un passager
au brick que l'on apercevait en face de la Croix-des-
Signaux. Le pêcheur accepta. Cette chance de salut rendit
à l'instant même toutes ses forces à Murat; il se leva,
embrassa M. Marouin, lui recommanda d'aller trouver sa
femme et de lui remettre le volume de Voltaire; puis il
s'élança dans la barque, qui s'éloigna aussitôt.

Elle était déjà à quelque distance de la côte lorsque

MURAT.

le roi arrêta le rameur et fit signe à Marouin qu'il avait
oublié quelque chose. En effet, sur la plage était un sac
de nuit dans lequel Murat avait renfermé une magnifique
paire de pistolets montés en vermeil, qui lui avait été
donnée par la reine, et à laquelle il tenait prodigieusement. A peine fut-il à la portée de la voix, qu'il indiqua
à son hôte le motif de son retour. Celui-ci prit aussitôt la
valise, et, sans attendre que Murat touchât terre, il la
lui jeta de la plage dans le bateau ; en tombant, le sac
de nuit s'ouvrit et un des pistolets en sortit. Le pêcheur
ne jeta qu'un coup d'œil sur l'arme royale ; mais ce fut
assez pour qu'il remarquât sa richesse et qu'il conçût des
soupçons. Il n'en continua pas moins de ramer vers le
bâtiment. M. Marouin, le voyant s'éloigner, laissa son
frère sur la côte, et saluant une dernière fois le roi,
qui lui rendit son salut, retourna vers la maison pour
calmer les inquiétudes de sa femme, et prendre lui-
même quelques heures de repos, dont il avait grand
besoin.

Deux heures après il fut réveillé par une visite domi-
ciliaire ; sa maison, à son tour, était envahie par la gendarmerie. On chercha de tous les côtés sans trouver
trace du roi. Au moment où les recherches étaient le
plus acharnées, son frère rentra ; Marouin le regarda en
souriant, car il croyait le roi sauvé ; mais à l'expression
du visage de l'arrivant, il vit qu'il était advenu quelque
nouveau malheur ; aussi, au premier moment de relâche
que lui donnèrent les visiteurs, il s'approcha de son
frère :

CRIMES CÉLÈBRES

— Eh bien ! dit-il, le roi est à bord, j'espère?

— Le roi est à cinquante pas d'ici, caché dans la masure.

— Pourquoi est-il revenu?

— Le pêcheur a prétexté un gros temps, et a refusé de le conduire jusqu'au brick.

— Le misérable!

Les gendarmes rentrèrent.

Toute la nuit se passa en visites infructueuses dans la maison et ses dépendances; plusieurs fois ceux qui cherchaient le roi passèrent à quelques pas de lui, et Murat put entendre leurs menaces et leurs imprécations. Enfin, une demi heure avant le jour, ils se retirèrent; Marouin les laissa s'éloigner, et aussitôt qu'il les eut perdus de vue il courut à l'endroit où devait être le roi. Il le trouva couché dans un enfoncement et tenant un pistolet de chaque main ; le malheureux n'avait pu résister à la fatigue et s'était endormi. Il hésita un instant à le rendre à cette vie errante et tourmentée ; mais il n'y avait pas une minute à perdre. Il le réveilla.

Aussitôt ils s'acheminèrent vers la côte; le brouillard matinal s'étendait sur la mer, on ne pouvait distinguer à deux cents pas de distance : ils furent obligés d'attendre. Enfin les premiers rayons du soleil commencèrent à attirer à eux cette vapeur nocturne, elle se déchira, glissant sur la mer, pareille aux nuages qui glissent au ciel. L'œil avide du roi plongeait dans chacune des vallées humides qui se creusaient devant lui, sans y rien distinguer ; cependant il espérait toujours que derrière ce ri-

deau mobile il finirait par apercevoir le brick sauveur.
Peu à peu l'horizon s'éclaircit ; de légères vapeurs, semblables à des fumées, coururent encore quelque temps à
la surface de la mer, et dans chacune d'elles le roi
croyait reconnaître les voiles blanches de son vaisseau.
Enfin la dernière s'effaça lentement, la mer se révéla
dans toute son immensité : elle était déserte. Le brick,
n'osant attendre plus long-temps, était parti pendant la
nuit.

— Allons, dit le roi se retournant vers son hôte, le
sort en est jeté, j'irai en Corse.

Le même jour, le maréchal Brune était assassiné à
Avignon.

Murat resta caché chez M. Marouin jusqu'au 22 août.
Ce n'était plus alors par Napoléon qu'il était menacé, c'est par Louis XVIII qu'il était proscrit : ce
n'était plus la loyauté militaire de Brune qui venait,
les larmes aux yeux, lui signifier les ordres qu'il avait
reçus, c'était l'ingratitude haineuse de M. de Rivière
qui mettait à prix [1] la tête de celui qui avait sauvé la
sienne [2]. M. de Rivière avait bien écrit à l'ex-roi de
Naples de s'abandonner à la bonne foi et à l'humanité du
roi de France, mais cette vague invitation n'avait point
paru au proscrit une garantie suffisante, surtout de la
part d'un homme qui venait de laisser égorger, presque
sous ses yeux, un maréchal de France porteur d'un sauf-
conduit signé de sa main. Murat savait le massacre des
Mameluks à Marseille, l'assassinat de Brune à Avignon ;
il avait été prévenu la veille par le commissaire de police

CRIMES CÉLÈBRES.

de Toulon[3] que l'ordre formel avait été donné de l'arrêter : il n'y avait donc pas moyen de rester plus longtemps en France. La Corse, avec ses villes hospitalières, ses montagnes amies et ses forêts impénétrables, était à cinquante lieues à peine ; il fallait gagner la Corse, et attendre dans ses villes, dans ses montagnes ou dans ses forêts, ce que les rois décideraient relativement au sort de celui qu'ils avaient appelé sept ans leur frère.

A dix heures du soir, le roi descendit sur la plage. Le bateau qui devait l'emporter n'était pas encore au rendez-vous ; mais, cette fois, il n'y avait aucune crainte qu'il y manquât ; la baie avait été reconnue, pendant la journée, par trois amis dévoués à la fortune adverse : c'étaient MM. Blancard, Langlade et Donadieu, tous trois officiers de marine, hommes de tête et de cœur, qui s'étaient engagés sur leur vie à conduire Murat en Corse, et qui en effet allaient exposer leur vie pour accomplir leur promesse. Murat vit donc sans inquiétude la plage déserte : ce retard, au contraire, lui donnait quelques instants de joie filiale. Sur ce bout de terrain, sur cette langue de sable, le malheureux proscrit se cramponnait encore à la France, sa mère, tandis qu'une fois le pied posé sur ce bâtiment qui allait l'emporter, la séparation devait être longue, sinon éternelle.

Au milieu de ces pensées, il tressaillit tout-à-coup et poussa un soupir : il venait d'apercevoir, dans l'obscurité transparente de la nuit méridionale, une voile glissant sur les vagues comme un fantôme. Bientôt un chant de marin se fit entendre : Murat reconnut le signal convenu, il

y répondit en brûlant l'amorce d'un pistolet, et aussitôt
la barque se dirigea vers la terre; mais, comme elle tirait
trois pieds d'eau, elle fut forcée de s'arrêter à dix ou
douze pas de la plage ; deux hommes se jetèrent aussitôt à la mer et gagnèrent le bord, le troisième resta
enveloppé dans son manteau et couché près du gouvernail.

— Eh bien ! mes braves amis, dit le roi en allant
au-devant de Blancard et de Langlade jusqu'à ce qu'il
sentit la vague mouiller ses pieds, le moment est arrivé,
n'est-ce pas? Le vent est bon, la mer est calme ; il faut
partir.

— Oui, répondit Langlade, oui, sire, il faut partir,
et peut-être cependant serait-il plus sage de remettre la
chose à demain.

— Pourquoi? demanda le roi.

Langlade ne répondit point, mais, se tournant vers le
couchant, il leva la main, et, selon l'habitude des marins,
il siffla pour appeler le vent.

— C'est inutile, dit Donadieu, qui était resté dans la
barque, voici les premières bouffées qui arrivent, et bientôt tu en auras à n'en savoir que faire... Prends garde,
Langlade, prends garde ; parfois en appelant le vent on
éveille la tempête. — Murat tressaillit, car il semblait
que cet avis, qui s'élevait de la mer, lui était donné par
l'esprit des eaux ; mais l'impression fut courte, et il se
remit à l'instant.

— Tant mieux, dit-il, plus nous aurons de vent, plus
vite nous marcherons.

— Oui, répondit Langlade, seulement Dieu sait où il nous conduira, s'il continue à tourner ainsi.

— Ne partez pas cette nuit, sire, dit Blancard, joignant son avis à celui de ses deux compagnons.

— Mais enfin pourquoi cela?

— Parce que, **vous** voyez cette ligne noire, n'est-ce pas? eh bien, au coucher du soleil elle était à peine visible, la voilà maintenant qui couvre une partie de l'horizon; dans une heure il n'y aura plus une étoile au ciel.

— Avez-vous peur? dit Murat.

— Peur? répondit Langlade, et de quoi? de l'orage? Il haussa les épaules. C'est à peu près comme si je demandais à votre majesté si elle a peur d'un boulet de canon... Ce que nous en disons, c'est pour vous, sire ; mais que voulez-vous que fasse l'orage à des chiens de mer comme nous ?

— Partons donc! s'écria Murat en poussant un soupir. Adieu, Marouin... Dieu seul peut vous récompenser de ce que vous avez fait pour moi. Je suis à vos ordres, messieurs.

A ces mots, les deux marins saisirent le roi chacun par une cuisse, et l'élevant sur leurs épaules, ils entrèrent aussitôt dans la mer; en un instant il fut à bord. Langlade et Blancard montèrent derrière lui; Donadieu resta au gouvernail, les deux autres officiers se chargèrent de la manœuvre et commencèrent leur service en déployant les voiles. Aussitôt, comme un cheval qui sent l'éperon, la petite barque sembla s'animer; les marins

MURAT.

jetèrent un coup d'œil insoucieux vers la terre, et Murat, sentant qu'il s'éloignait, se retourna du côté de son hôte et lui cria une dernière fois :

— Vous avez votre itinéraire jusqu'à Trieste... n'oubliez pas ma femme!... Adieu!... Adieu!...

— Dieu vous garde, sire, murmura Marouin. — Et quelque temps encore, grâce à la voile blanche qui se dessinait dans l'ombre, il put suivre des yeux la barque qui s'éloignait rapidement ; enfin elle disparut. Marouin resta encore quelque temps sur le rivage, quoiqu'il ne vît plus rien et n'entendît plus rien ; alors un cri affaibli par la distance parvint encore jusqu'à lui : ce cri était le dernier adieu de Murat à la France.

Lorsque M. Marouin me raconta un soir, au lieu même où la chose s'était passée, les détails que je viens de décrire, ils lui étaient si présens, quoique vingt ans se fussent écoulés depuis lors, qu'il se rappelait jusqu'aux moindres accidens de cet embarquement nocturne. De ce moment il m'assura qu'un pressentiment de malheur l'avait saisi, qu'il ne pouvait s'arracher de cette plage, et que plusieurs fois l'envie lui prit de rappeler le roi ; mais, pareil à un homme qui rêve, sa bouche s'ouvrait sans laisser échapper aucun son. Il craignait de paraître insensé ; et ce ne fut qu'à une heure du matin, c'est-à-dire deux heures et demie après le départ de la barque, qu'il rentra chez lui avec une tristesse mortelle dans le cœur.

Quant aux aventureux navigateurs, ils s'étaient engagés dans cette large ornière marine qui mène de Tou-

CRIMES CÉLÈBRES

loh à Bastia, et d'abord l'événement parut, aux yeux du roi, démentir la prédiction de nos marins : le vent, au lieu de s'augmenter, tomba peu à peu, et deux heures après le départ la barque se balançait sans reculer ni avancer sur des vagues qui de minute en minute allaient s'aplanissant. Murat regardait tristement s'éteindre, sur cette mer où il se croyait enchaîné, le sillon phosphorescent que le petit bâtiment traînait après lui : il avait amassé du courage contre la tempête, mais non contre le calme ; et, sans même interroger ses compagnons de voyage, à l'inquiétude desquels il se méprenait, il se coucha au fond du bateau, s'enveloppa de son manteau, et fermant les yeux comme s'il dormait, il s'abandonna au flot de ses pensées, bien autrement tumultueux et agité que celui de la mer. Bientôt les deux marins, croyant à son sommeil, se réunirent au pilote, et s'asseyant près du gouvernail, commencèrent à tenir conseil.

— Vous avez eu tort, Langlade, dit Donadieu, de prendre une barque ou si petite ou si grande : sans pont nous ne pouvons résister à la tempête, et sans rames nous ne pouvons avancer dans le calme.

— Sur Dieu ! je n'avais pas le choix. J'ai été obligé de prendre ce que j'ai rencontré, et si ce n'était pas l'époque des madragues [1], je n'aurais pas même trouvé cette mauvaise péniche, ou bien il me l'aurait fallu aller chercher dans le port, et la surveillance est telle que j'y serais bien entré, mais que je n'aurais probablement pas pu en sortir.

— Est-elle solide au moins ? dit Blancard.

MURAT.

— Pardieu! tu sais bien ce que c'est que des planches et des clous qui trempent depuis dix ans dans l'eau salée. Dans les occasions ordinaires on n'en voudrait pas pour aller de Marseille au château d'If ; dans une circonstance comme la nôtre on ferait le tour du monde dans une coquille de noix.

— Chut! dit Donadieu. Les marins écoutèrent : un grondement lointain se fit entendre, mais si faible qu'il fallait l'oreille exercée d'un enfant de la mer pour le distinguer.

— Oui, oui, dit Langlade; c'est un avertissement pour ceux qui ont des jambes ou des ailes de regagner le nid qu'ils n'auraient pas dû quitter.

— Sommes-nous loin des îles? dit vivement Donadieu.

— A une lieue environ.

— Mettez le cap sur elles.

— Et pourquoi faire? dit Murat en se soulevant.

— Pour y relâcher, sire, si nous pouvons...

— Non, non, s'écria Murat, je ne veux plus remettre le pied à terre qu'en Corse; je ne veux pas quitter encore une fois la France. D'ailleurs la mer est calme, et voilà le vent qui nous revient...

— Tout à bas! cria Donadieu.

Aussitôt Langlade et Blancard se précipitèrent pour exécuter la manœuvre. La voile glissa le long du mât, et s'abattit au fond du bâtiment.

— Que faites-vous? cria Murat; oubliez-vous que je suis roi et que j'ordonne?

CRIMES CÉLÈBRES.

— Sire, dit Donadieu, il y a un roi plus puissant que vous ici, c'est Dieu ; il y a une voix qui couvre la vôtre, c'est celle de la tempête... Laissez-nous sauver votre majesté, si la chose est possible, et n'exigez rien de plus...

En ce moment un éclair sillonna l'horizon, un coup de tonnerre, plus rapproché que le premier, se fit entendre, une légère écume monta à la surface de l'eau, la barque frissonna comme un être animé. Murat commença à comprendre que le danger venait ; alors il se leva en souriant, jeta derrière lui son chapeau, secoua ses longs cheveux, aspira l'orage comme il aspirait la fumée ; le soldat était prêt à combattre.

— Sire, dit Donadieu, vous avez bien vu des batailles ; mais peut-être n'avez-vous point vu une tempête ; si vous êtes curieux de ce spectacle, cramponnez-vous au mât et regardez, car en voilà une qui se présente bien.

— Que faut-il que je fasse ? dit Murat ; ne puis-je vous aider en rien ?

— Non ! pas pour le moment, sire ; plus tard nous vous emploierons aux pompes.

Pendant ce dialogue, l'orage avait fait des progrès, il arrivait sur les voyageurs comme un cheval de course, soufflant le vent et le feu par ses naseaux, hennissant le tonnerre et faisant voler l'écume des vagues sous ses pieds. Donadieu pressa le gouvernail, la barque céda comme si elle comprenait la nécessité d'une prompte obéissance, et présenta sa poupe au choc du vent ; alors la bourrasque passa, laissant derrière elle la mer tremblante, et tout parut rentrer dans le repos. La tempête reprenait haleine.

— En sommes-nous donc quittes pour cette rafale? dit Murat.

— Non, votre majesté, dit Donadieu, ceci n'est qu'une affaire d'avant-garde; tout-à-l'heure le corps d'armée va donner.

— Et ne faisons-nous pas quelques préparatifs pour le recevoir? répondit gaiement le roi?

— Lesquels? dit Donadieu. Nous n'avons plus un pouce de toile où le vent puisse mordre, et tant que la barque ne fera pas eau, nous flotterons comme un bouchon de liége. Tenez-vous bien, sire!...

En effet, une seconde bourrasque accourait, plus rapide que la première, accompagnée de pluie et d'éclairs. Donadieu essaya de répéter la même manœuvre; mais il ne put virer si rapidement que le vent n'enveloppât la barque; le mât se courba comme un roseau; le canot embarqua une vague.

— Aux pompes, cria Donadieu! Sire, voilà le moment de nous aider...

Blancard, Langlade et Murat saisirent leurs chapeaux et se mirent à vider la barque. La position de ces quatre hommes était affreuse, elle dura trois heures. Au point du jour le vent faiblit; cependant la mer resta grosse et tourmentée. Le besoin de manger commença à se faire sentir; toutes les provisions avaient été atteintes par l'eau de mer, le vin seul avait été préservé du contact. Le roi prit une bouteille, et avala le premier quelques

CRIMES CÉLÈBRES.

gorgées, puis il la passa à ses compagnons, qui buren
à leur tour : la nécessité avait chassé l'étiquette. Langlade avait par hasard sur lui quelques tablettes de cho-
colat, qu'il offrit au roi. Murat en fit quatre parts égales
et força ses compagnons de manger ; puis, le repas fini,
on orienta vers la Corse ; mais la barque avait tellement
souffert qu'il n'y avait pas probabilité qu'elle pût gagner
Bastia.

Le jour se passa tout entier sans que les voyageurs
pussent faire plus de dix lieues ; ils naviguaient sous la
petite voile de foque, n'osant tendre la grande voile ; et
le vent était si variable, que le temps se perdait à combattre ses caprices. Le soir une voie d'eau se déclara ;
elle pénétrait à travers des planches disjointes ; les mou-
choirs réunis de l'équipage suffirent pour tamponner la
barque, et la nuit, qui descendit triste et sombre, les
enveloppa pour la seconde fois de son obscurité. Murat,
écrasé de fatigue, s'endormit ; Blancard et Langlade reprirent place près de Donadieu ; et ces trois hommes, qui
semblaient insensibles au sommeil et à la fatigue, veillè-
rent à la tranquillité de son sommeil.

La nuit fut, en apparence, assez tranquille ; cependant quelquefois des craquemens sourds se faisaient entendre. Alors les trois marins se regardaient avec une
expression étrange ; puis leurs yeux se reportaient vers
le roi, qui dormait au fond de ce bâtiment, dans son
manteau trempé d'eau de mer, aussi profondément qu'il
avait dormi dans les sables de l'Égypte et dans les neiges
de la Russie Alors l'un d'eux se levait, s'en allait à

MURAT.

l'autre bout du canot en sifflant entre ses dents l'air d'une
chanson provençale... puis après avoir consulté le ciel,
les vagues et la barque, il revenait auprès de ses camarades, et se rassèyait en murmurant : — C'est impossible : à moins d'un miracle, nous n'arriverons jamais. —
La nuit s'écoula dans ces alternatives. Au point du jour
on se trouva en vue d'un bâtiment : — Une voile! s'é-
cria Donadieu, une voile! A ce cri, le roi se réveilla. En
effet, un petit brick marchand apparaissait, venant de
Corse et faisant route vers Toulon. Donadieu mit le cap
sur lui, Blancard hissa les voiles au point de fatiguer la
barque, et Langlade courut à la proue, élevant le manteau du roi au bout d'une espèce de harpon. Bientôt les
voyageurs s'aperçurent qu'ils avaient été vus; le brick
manœuvra de manière à se rapprocher d'eux ; au bout de
dix minutes ils se trouvèrent à cinquante pas l'un de
l'autre. Le capitaine parut sur l'avant. Alors le roi le
héla, lui offrant une forte récompense s'il voulait le recevoir à bord avec ses trois compagnons et les conduire
en Corse. Le capitaine écouta la proposition ; puis aussitôt se tournant vers l'équipage, il donna à demi-voix un
ordre que Donadieu ne put entendre, mais qu'il saisit probablement par le geste, car aussitôt il commanda à Langlade et à Blancard une manœuvre qui avait pour but de
s'éloigner du bâtiment. Ceux-ci obéirent avec la promptitude passive des marins ; mais le roi frappa du pied :

— Que faites-vous, Donadieu? que faites-vous? s'é-
s'écria-t-il ; ne voyez-vous pas qu'il vient à nous?

— Oui, sur mon ame, je le vois... Obéissez, Lan-

CRIMES CÉLÈBRES.

glade, alerte, Blancard. Oui, il vient sur nous, et peut-
être m'en suis-je aperçu trop tard. C'est bien, c'est bien ;
à moi maintenant. Alors il se coucha sur le gouvernail,
et lui imprima un mouvement si subit et si violent, que
la barque, forcée de changer immédiatement de direction,
sembla se raidir contre lui, comme ferait un cheval contre
le frein ; enfin elle obéit. Une vague énorme, soulevée
par le géant qui venait sur elle, l'emporta avec elle
comme une feuille ; le brick passa à quelques pieds de
sa poupe.

— Ah ! traître ! s'écria le roi, qui commença seulement à s'apercevoir de l'intention du capitaine ; en même
temps il tira un pistolet de sa ceinture, en criant : A
l'abordage, à l'abordage, et essaya de faire feu sur le
brick ; mais la poudre était mouillée et ne s'enflamma
point. Le roi était furieux, et ne cessait de crier : A l'a-
bordage, à l'abordage !

— Oui, oui, le misérable, ou plutôt l'imbécile, dit
Donadieu, il nous a pris pour des forbans, et il a voulu
nous couler, comme si nous avions besoin de lui pour
cela.

En effet, en jetant les yeux sur le canot il était facile
de s'apercevoir qu'il commençait à faire eau. La tentative de salut que venait de risquer Donadieu avait ef-
froyablement fatigué la barque, et la mer entrait par plusieurs écartemens de planches ; il fallut se mettre à
puiser de l'eau avec les chapeaux ; ce travail dura dix
heures. Enfin Donadieu fit, pour la seconde fois, entendre le cri sauveur : — Une voile ! une voile !...

MURAT.

Le roi et ses deux compagnons cessèrent aussitôt leur travail ; on hissa de nouveau les voiles, on mit le cap sur le bâtiment qui s'avançait, et l'on cessa de s'occuper de l'eau, qui, n'étant plus combattue, gagna rapidement.

Désormais c'était une question de temps, de minutes, de secondes, voilà tout ; il s'agissait d'arriver au bâtiment avant de couler bas. Le bâtiment, de son côté, semblait comprendre la position désespérée de ceux qui imploraient son secours ; il venait au pas de course. Langlade le reconnut le premier, c'était une balancelle du gouvernement, un bateau de poste qui faisait le service entre Toulon et Bastia. Langlade était l'ami du capitaine, il l'appela par son nom avec cette voix puissante de l'agonie, et il fut entendu. Il était temps, l'eau gagnait toujours ; le roi et ses compagnons étaient déjà dans la mer jusqu'aux genoux ; le canot gémissait comme un mourant qui râle ; il n'avançait plus et commençait à tourner sur lui-même. En ce moment, deux ou trois câbles, jetés de la balancelle, tombèrent dans la barque ; le roi en saisit un, s'élança et saisit l'échelle de corde : il était sauvé. Blancard et Langlade en firent autant presque aussitôt ; Donadieu resta le dernier, comme c'était son devoir de le faire, et au moment où il mettait un pied sur l'échelle du bord, il sentit sous l'autre s'enfoncer la barque qu'il quittait ; il se retourna avec la tranquillité d'un marin, vit le gouffre ouvrir sa vaste gueule au-dessous de lui, et aussitôt la barque dévorée tournoya et disparut. Cinq secondes encore, et ces quatre hommes, qui maintenant étaient sauvés, étaient à tout jamais perdus [5] !....

CRIMES CÉLÈBRES.

Murat était à peine sur le pont, qu'un homme vint se jeter à ses pieds : c'était un mameluk qu'il avait autre-fois ramené d'Égypte, et qui s'était depuis marié à Castellamare ; des affaires de commerce l'avaient attiré à Marseille, où, par miracle, il avait échappé au massacre de ses frères ; et, malgré le déguisement qui le couvrait et les fatigues qu'il venait d'essuyer, il avait reconnu son ancien maître. Ses exclamations de joie ne permirent pas au roi de garder plus long-temps son incognito ; alors le sénateur Casabianca, le capitaine Oletta, un neveu du prince Baciocchi, un ordonnateur nommé Boerco, qui fuyaient eux-mêmes les massacres du Midi, se trouvant sur le bâtiment, le saluèrent du nom de majesté et lui improvisèrent une petite cour : le passage était brusque, il opéra un changement rapide ; ce n'était plus Murat le proscrit, c'était Joachim Ier roi de Naples. La terre de l'exil disparut avec la barque engloutie ; à sa place, Naples et son golfe magnifique apparurent à l'horizon comme un merveilleux mirage, et sans doute la première idée de la fatale expédition de Calabre prit naissance pendant ces jours d'enivrement qui suivirent les heures d'agonie. Cependant le roi, ignorant encore quel accueil l'attendait en Corse, prit le nom de comte de Campo Melle, et se fut sous ce nom que le 25 août il prit terre à Bastia. Mais la précaution fut inutile ; trois jours après on arrivée personne n'ignorait plus sa présence dans cette ville. Des rassemblemens se formèrent aussitôt, des cris de vive Joachim ! se firent entendre, et le roi, craignant de troubler la tranquillité publique, sortit le même

MURAT.

soir de la ville avec ses trois compagnons et son mameluk.
Deux heures après il entrait à Viscovato et frappait à la
porte du général Franchescetti, qui avait été à son service tout le temps de son règne, et qui, ayant quitté
Naples en même temps que le roi, était revenu en Corse
habiter avec sa femme la maison de M. Colona Cicaldi,
son beau-père. Il était en train de souper lorsqu'on vint
lui dire qu'un étranger demandait à lui parler : il sortit
et trouva Murat enveloppé d'une capote militaire, la tête
enfoncée dans un bonnet de marin, la barbe longue, et
portant un pantalon, des guêtres et des souliers de soldat.
Le général s'arrêta étonné ; Murat fixa sur lui son grand
œil noir ; puis croisant les bras : — Franchescetti, lui dit-il,
avez-vous à votre table une place pour votre général qui
a faim ? avez-vous sous votre toit un asile pour votre roi
qui est proscrit ?.... Franchescetti jeta un cri de surprise
en reconnaissant Joachim, et ne put lui répondre qu'en
tombant à ses pieds et en lui baisant la main. De ce moment la maison du général fut à la disposition de Murat.

A peine le bruit de l'arrivée du roi fut-il répandu dans
les environs que l'on vit accourir à Viscovato des officiers
de tous grades, des vétérans qui avaient combattu sous
lui, et des chasseurs corses que son caractère aventureux
séduisait ; en peu de jours la maison du général fut transformée en palais, le village en résidence royale, et l'île
en royaume. D'étranges bruits se répandirent sur les intentions de Murat ; une armée de neuf cents hommes
contribuait à leur donner quelque consistance. C'est alors
que Blancard, Langlade et Donadieu prirent congé de

CRIMES CÉLÈBRES.

lui ; Murat voulut les retenir ; mais ils s'étaient voués au
salut du proscrit, et non à la fortune du roi.

Nous avons dit que Murat avait rencontré à bord du
bateau de poste de Bastia un de ses anciens mameluks
nommé Othello, et que celui-ci l'avait suivi à Viscovato :
l'ex-roi de Naples songea à se faire un agent de cet
homme. Des relations de famille le rappelaient tout naturellement à Castellamare ; il lui ordonna d'y retourner,
et le chargea de lettres pour les personnes sur le dévouement desquelles il comptait le plus. Othello partit, arriva
heureusement chez son beau-père, et crut pouvoir lui tout
dire ; mais celui-ci, épouvanté, prévint la police : une
descente nocturne fut faite chez Othello et sa correspon-
dance saisie.

Le lendemain, toutes les personnes auxquelles étaient
adressées les lettres furent arrêtées et reçurent l'ordre de
répondre à Murat comme si elles étaient libres, et de lui
indiquer Salerne comme le lieu le plus propre au débarquement : cinq sur sept eurent la lâcheté d'obéir : les
deux autres, qui étaient deux frères espagnols, s'y refusèrent absolument : on les jeta dans un cachot.

Cependant, le 17 septembre, Murat quitta Viscovato,
le général Franchescetti, ainsi que plusieurs officiers
corses, lui servirent d'escorte ; il s'achemina vers Ajaccio
par Cotone, les montagnes de Serra, Bosco, Venaco,
Vivaro, les gorges de la forêt de Vezzanovo et Bogo-
gnone ; partout il fut fêté comme un roi ; et à la
porte des villes il reçut plusieurs députations qui le ha-
ranguèrent en le saluant du titre de majesté ; enfin le

MURAT.

23 septembre il arriva à Ajaccio. La population tout entière l'attendait hors des murs ; son entrée dans la ville fut un triomphe ; il fut porté jusqu'à l'auberge qui avait été désignée d'avance par les maréchaux-des-logis : il y avait de quoi tourner la tête à un homme moins impressionnable que Murat : quant à lui, il était dans l'ivresse ; en entrant dans l'auberge il tendit la main à Franchescetti. — Voyez, lui dit-il, à la manière dont me reçoivent les Corses, ce que feront pour moi les Napolitains. — C'était le premier mot qui lui échappait sur ses projets à venir, et dès ce jour même il ordonna de tout préparer pour son départ.

On rassembla dix petites felouques : un Maltais nommé Barbara, ancien capitaine de frégate de la marine napolitaine, fut nommé commandant en chef de l'expédition ; deux cent cinquante hommes furent engagés et invités à se tenir prêts à partir au premier signal. Murat n'attendait plus que les réponses aux lettres d'Othello ; elles arrivèrent dans la matinée du 28 : Murat invita tous les officiers à un grand dîner et fit donner double paie et double ration à ses hommes.

Le roi était au dessert lorsqu'on lui annonça l'arrivée de M. de Maceroni : c'était un envoyé des puissances étrangères qui apportait à Murat la réponse qu'il avait attendue si long-temps à Toulon. Murat se leva de table, passa dans une chambre à côté : M. Maceroni se fit reconnaître comme chargé d'une mission officielle, et remit au roi l'ultimatum de l'empereur d'Autriche. Il était conçu en ces termes :

III   8

« M. Maceroni est autorisé par les présentes à prévenir le roi Joachim que sa majesté l'empereur d'Autriche
lui accordera un asile dans ses états sous les conditions
suivantes :

» 1°. Le roi prendra un nom privé ; la reine ayant
adopté celui de Lipano, on propose au roi de prendre le
même nom.

» 2°. Il sera permis au roi de choisir une ville de la
Bohème, de la Moravie, ou de la Haute-Autriche, pour
y fixer son séjour : il pourra même sans inconvénient
habiter une campagne dans ces mêmes provinces.

» 3°. Le roi engagera sa parole d'honneur envers
S. M. I. et R. qu'il n'abandonnera jamais les états au-
trichiens sans le consentement exprès de l'empereur, et
qu'il vivra comme un particulier de distinction, mais sou-
mis aux lois qui sont en vigueur dans les états autri-
chiens.

» En foi de quoi et afin qu'il en soit fait un usage
convenable, le soussigné a reçu l'ordre de l'empereur de
signer la présente déclaration.

» Donné à Paris, le 1er septembre 1815.

» Signé le prince de METTERNICH. »

Murat sourit en achevant cette lecture, puis il fit signe
à M. Maceroni de le suivre. Il le conduisit alors sur la
terrasse de la maison, qui dominait toute la ville, et qui
était dominée elle-même par sa bannière qui flottait comme
sur un château royal : de là on pouvait voir Ajaccio toute

joyeuse et illuminée, le port où se balançait la petite
flottille et les rues encombrées de monde, comme en un
jour de fête. A peine la foule eut-elle aperçu Murat,
qu'un cri partit de toutes les bouches, vive Joachim! vive
le frère de Napoléon! vive le roi de Naples! Murat salua,
et les cris redoublèrent, et la musique de la garnison fit
entendre les airs nationaux. M. Maceroni ne savait s'il
devait en croire ses yeux et ses oreilles; lorsque le roi
eut joui de son étonnement, il l'invita à descendre au
salon. Son état-major y était réuni en grand uniforme :
on se serait cru à Caserte ou à Capodimonte. Enfin,
après un instant d'hésitation, Maceroni se rapprocha de
Murat.

— Sire, lui dit-il, quelle réponse dois-je faire à sa
majesté l'empereur d'Autriche?

— Monsieur, lui répondit Murat avec cette dignité
hautaine qui allait si bien à sa belle figure, vous raconterez
à mon frère François ce que vous avez vu et ce que vous
avez entendu; et puis vous ajouterez que je pars cette
nuit même pour reconquérir mon royaume de Naples.

Les lettres qui avaient déterminé Murat à quitter la
Corse lui avaient été apportées par un Calabrais nommé
Luidgi; il s'était présenté au roi comme un envoyé de
l'Arabe Othello, qui avait été jeté, comme nous l'avons
dit, dans les prisons de Naples, ainsi que les personnes
auxquelles les dépêches dont il était porteur avaient été
adressées. Ces lettres, écrites par le ministre de la police
de Naples, indiquaient à Joachim le port de la ville de Salerne comme le lieu le plus propre au débarquement; car

CRIMES CÉLÈBRES.

le roi Ferdinand avait rassemblé sur ce point trois mille hommes de troupes autrichiennes, n'osant se fier aux soldats napolitains, qui avaient conservé de Murat un riche et brillant souvenir : ce fut donc vers le golfe de Salerne que la flottille se dirigea ; mais, arrivée en vue de l'île de Caprée, elle fut assaillie par une violente tempête qui la chassa jusqu'à Paola, petit port situé à dix lieues de Cosenza. Les bâtimens passèrent en conséquence la nuit du 5 au 6 octobre dans une espèce d'échancrure du rivage qui ne mérite pas le nom de rade : le roi, pour ôter tout soupçon aux gardes des côtes et aux scorridori [6] siciliens, ordonna d'éteindre les feux et de louvoyer jusqu'au jour ; mais vers une heure du matin il s'éleva de terre un vent si violent, que l'expédition fut repoussée en haute mer, de sorte que le 6, à la pointe du jour, le bâtiment que montait le roi se trouva seul. Dans la matinée il rallia la felouque du capitaine Cicconi, et les deux navires mouillèrent à quatre heures de l'après-midi en vue de Santo-Lucido. Le soir le roi ordonna au chef de bataillon Ottaviani de se rendre à terre pour y prendre des renseignemens ; Luidgi s'offrit pour l'accompagner, Murat accepta ses bons offices ; Ottaviani et son guide se rendirent donc à terre, tandis qu'au contraire, Cicconi et sa felouque se remettaient en mer avec mission d'aller à la recherche du reste de la flotte.

Vers les onze heures de la nuit le lieutenant de quart sur le navire royal distingua au milieu des vagues un homme qui s'avançait en nageant vers le bâtiment : dès qu'il fut à la portée de la voix il le héla : aussitôt le na-

MURAT.

geur se fit reconnaître ; c'était Luidgi, on lui envoya la
chaloupe et il remonta à bord ; alors il raconta que le
chef de bataillon Ottaviani, avait été arrêté, et qu'il
n'avait échappé lui-même à ceux qui le poursuivaient
qu'en se jetant à la mer. Le premier mouvement de Murat
fut d'aller au secours d'Ottaviani ; mais Luidgi fit comprendre au roi le danger et l'inutilité de cette tentative :
néanmoins Joachim resta jusqu'à deux heures du matin
agité et irrésolu. Enfin il donna l'ordre de reprendre le
large. Pendant la manœuvre qui eut lieu à cet effet, un
matelot tomba à la mer et disparut avant qu'on eût eu le
temps de lui porter secours. Décidément les présages
étaient sinistres.

Le 7 au matin on eut connaissance de deux bâtimens
Le roi ordonna aussitôt de se mettre en mesure de défense ; mais Barbara les reconnut pour être la felouque de
Cicconi et la balancelle de Courrand qui s'étaient réunies, et faisaient voile de conserve. On hissa les signaux
et les deux capitaines se rallièrent à l'amiral.

Pendant qu'on délibérait sur la route à suivre, un
canot aborda le bâtiment de Murat. Il était monté par le
capitaine Pernice et un lieutenant sous ses ordres ; ils
venaient demander au roi la permission de passer à son
bord, ne voulant point rester à celui de Courrand, qui,
à leur avis, trahissait. Murat l'envoya chercher, et, malgré ses protestations de dévouement, il le fit descendre
avec cinquante hommes dans une chaloupe, et ordonna
d'amarrer la chaloupe à son bâtiment. L'ordre fut exécuté aussitôt, et la petite escadre continua sa route, lon-

geant, sans les perdre de vue, les côtes de la Calabre ;
mais à dix heures du soir, au moment où l'on se trouvait
à la hauteur du golfe de Sainte-Euphémie, le capitaine
Courrand coupa le câble qui le traînait à la remorque,
et, faisant force de rames, il s'éloigna de la flottille.
Murat s'était jeté sur son lit tout habillé : on le prévint
de cet événement. Il s'élança aussitôt sur le pont, et arriva à temps encore pour voir la chaloupe, qui fuyait dans
la direction de la Corse, s'enfoncer et disparaître dans
l'ombre. Il demeura immobile, sans colère et sans cris ;
seulement il poussa un soupir et laissa tomber sa tête sur
sa poitrine : c'était encore une feuille qui tombait de
l'arbre enchanté de ses espérances.

Le général Franchescetti profita de cette heure de dé-
couragement pour lui donner le conseil de ne point dé-
barquer dans les Calabres et de se rendre directement à
Trieste, afin de réclamer de l'Autriche l'asile qu'elle lui
avait offert. Le roi était dans un de ces instans de lassi-
tude extrême et d'abattement mortel où le cœur s'affaisse
sur lui-même : il se défendit d'abord, et puis finit par
accepter. En ce moment le général s'aperçut qu'un matelot, couché dans des enroulemens de câbles, se trouvait
à portée d'entendre tout ce qu'il disait ; il s'interrompit
et le montra du doigt à Murat : celui-ci se leva, alla voir
l'homme et reconnut Luidgi ; accablé de fatigue, il s'était
endormi sur le pont. La franchise de son sommeil rassura le roi, qui d'ailleurs avait toute confiance en lui. La
conversation interrompue un instant se renoua donc : il
fut convenu que, sans rien dire des nouveaux projets ar-

MURAT.

rêtés, on franchirait le détroit de Messine, on doublerait
le cap Spartivento, et qu'on entrerait dans l'Adriatique ;
puis le roi et le général redescendirent dans l'entre-
pont.

Le lendemain 8 octobre, on se trouvait à la hauteur du
Pizzo, lorsque Joachim, interrogé par Barbara sur ce qu'il
fallait faire, donna ordre de mettre le cap sur Messine ;
Barbara répondit qu'il était prêt à obéir mais qu'il avait
besoin d'eau et de vivres ; en conséquence, il offrit de
passer sur la felouque de Cicconi, et d'aller avec elle à
terre pour y renouveler ses provisions ; le roi accepta ;
Barbara lui demanda alors les passeports qu'il avait reçus
des puissances alliées, afin, disait-il, de ne pas être inquiété par les autorités locales. Ces pièces étaient trop
importantes pour que Murat consentit à s'en dessaisir ;
peut-être aussi le roi commençait-il à concevoir quelque
soupçon : il refusa donc. Barbara insista ; Murat lui ordonna d'aller à terre sans ces papiers ; Barbara refusa
positivement ; le roi, habitué à être obéi, leva sa cravache
sur le Maltais ; mais en ce moment, changeant de résolution, il ordonna aux soldats de préparer leurs armes,
aux officiers de revêtir leur grand uniforme, lui-même
leur en donna l'exemple : le débarquement était décidé,
et le Pizzo devait être le golfe Juan du nouveau Napoléon. En conséquence, les bâtimens se dirigèrent vers la
terre. Le roi descendit dans une chaloupe avec vingt-huit
soldats et trois domestiques, au nombre desquels était
Luidgi. Arrivé près de la plage, le général Franchescetti fit un mouvement pour prendre terre, mais Murat

l'arrêta : « C'est à moi de descendre le premier, » dit-il ;
et il s'élança sur le rivage. Il était vêtu d'un habit de général, avait un pantalon blanc avec des bottes à l'écuyère,
une ceinture dans laquelle étaient passés deux pistolets,
un chapeau brodé en or, dont la cocarde était retenue
par une ganse formée de quatorze brillans ; enfin il portait sous le bras la bannière autour de laquelle il comptait
rallier ses partisans : dix heures du matin sonnaient à
l'horloge du Pizzo.

Murat se dirigea aussitôt vers la ville, dont il était
éloigné de cent pas à peine, par le chemin pavé de larges
dalles disposées en escalier qui y conduit. C'était un dimanche ; on allait commencer la messe, et toute la population était réunie sur la place lorsqu'il y arriva. Personne ne le reconnut, et chacun regardait avec étonnement
ce brillant état-major, lorsqu'il vit parmi les paysans un
ancien sergent qui avait servi dans sa garde de Naples.
Il marcha droit à lui, et lui mettant la main sur l'épaule :
« Tavella, lui dit-il, ne me reconnais-tu pas? » Mais
comme celui-ci ne faisait aucune réponse : « Je suis Joachim Murat ; je suis ton roi, lui-dit-il : à toi l'honneur
de crier le premier vive Joachim ! » La suite de Murat
fit aussitôt retentir l'air de ses acclamations ; mais le Calabrais resta silencieux, et pas un de ses camarades ne
répéta le cri dont le roi lui-même avait donné le signal ;
au contraire, une rumeur sourde courait par la multitude.
Murat comprit ce frémissement d'orage : « Eh bien ! dit-
il à Tavella, si tu ne veux pas crier vive Joachim, va au
moins me chercher un cheval, et de sergent que tu étais

MURAT.

je te fais capitaine. Tavella s'éloigna sans répondre ; mais au lieu d'accomplir l'ordre qu'il avait reçu, il rentra chez lui et ne reparut plus. Pendant ce temps la population s'amassait toujours sans qu'un signe amical annonçât à Murat la sympathie qu'il attendait : il sentit qu'il était perdu s'il ne prenait une résolution rapide. — A Monteleone! s'écria-t-il en s'élançant le premier vers la route qui conduisait à cette ville. — A Monteleone! répétèrent en le suivant ses officiers et ses soldats. Et la foule toujours silencieuse s'ouvrit pour les laisser passer.

Mais à peine avait-il quitté la place qu'une vive agitation se manifesta ; un homme nommé Georges Pellegrino sortit de chez lui armé d'un fusil et traversa la place en courant et en criant : Aux armes! Il savait que le capitaine Trenta Capelli, qui commandait la gendarmerie de Cosenza, était en ce moment au Pizzo, et il allait le prévenir. Le cri aux armes eut plus d'écho dans cette foule que n'en avait eu celui de vive Joachim. Tout Calabrais a un fusil, chacun courut chercher le sien, et lorsque Trenta Capelli et Pellegrino revinrent sur la place, ils trouvèrent près de deux cents hommes armés ; ils se mirent à leur tête et s'élancèrent aussitôt à la poursuite du roi ; ils le rejoignirent à dix minutes de chemin à peu près de la place, à l'endroit où est aujourd'hui le pont. Murat en les voyant venir s'arrêta et les attendit.

Trenta Capelli s'avança alors le sabre à la main vers le roi : — Monsieur, lui dit celui-ci, voulez-vous troquer vos épaulettes de capitaine contre les épaulettes de géné-

III.   9

CRIMES CÉLÈBRES.

ral? Criez vive Joachim! et suivez-moi avec ces braves
gens à Monteleone.

— Sire, répondit Trenta Capelli, nous sommes tous
fidèles sujets du roi Ferdinand, et nous venons pour vous
combattre et non pour vous accompagner : rendez-vous
donc si vous voulez prévenir l'effusion du sang.

Murat regarda le capitaine de gendarmerie avec une
expression impossible à rendre ; puis, sans daigner lui
répondre, il lui fit signe d'une main de s'éloigner, tandis
qu'il portait l'autre à la crosse de l'un de ses pistolets.
Georges Pellegrino vit le mouvement.

— Ventre à terre, capitaine! ventre à terre! cria-t-il.
Le capitaine obéit, aussitôt une balle passa en sifflant
au-dessus de sa tête et alla effleurer les cheveux de Murat.

— Feu! ordonna Franchescetti.

— Armes à terre! cria Murat; et secouant de sa main
droite son mouchoir, il fit un pas pour s'avancer vers les
paysans ; mais au même instant une décharge générale
partit : un officier et deux ou trois soldats tombèrent. En
pareille circonstance, quand le sang a commencé à couler, il ne s'arrête pas. Murat savait cette fatale vérité
aussi son parti fut-il pris, rapide et décisif. Il avait de
vant lui cinq cents hommes armés, et derrière lui un pré
cipice de trente pieds de hauteur : il s'élança du rocher
à pic sur lequel il se trouvait, tomba dans le sable, et se
releva sans être blessé; le général Franchescetti et son
aide de camp Campana firent avec le même bonheur le
même saut que lui, et tous trois descendirent rapidement
vers la mer, à travers un petit bois qui s'étend jusqu'à

MURAT.

cent pas du rivage, et qui les déroba un instant à la vue
de leurs ennemis. A la sortie de ce bois, une nouvelle décharge les accueillit, les balles sifflèrent autour d'eux,
mais n'atteignirent personne, et les trois fugitifs continuè-
rent leur course vers la plage.

Ce fut alors seulement que le roi s'aperçut que le canot qui l'avait déposé à terre était reparti. Les trois navires qui composaient sa flottille, loin d'être restés pour
protéger son débarquement, avaient repris la mer et s'é-
loignaient à pleines voiles. Le Maltais Barbara empor-
tait non seulement la fortune de Murat, mais encore son
espoir, son salut, sa vie : c'était à n'y pas croire à force
de trahison. Aussi le roi prit-il cet abandon pour une
simple manœuvre, et voyant une barque de pêcheur ti-
rée au rivage sur des filets étendus, il cria à ses deux compagnons : — La barque à la mer !

Tous trois alors commencèrent à la pousser pour la
mettre à flot, avec l'énergie du désespoir, avec les forces de
l'agonie. Personne n'avait osé franchir le rocher pour se
mettre à leur poursuite, et leurs ennemis, forcés de prendre un détour, leur laissaient quelques instans de liberté.
Mais bientôt des cris se firent entendre : Georges Pellegrino et Trenta Capelli, suivis de toute la population du
Pizzo, débouchèrent à cent cinquante pas à peu près de
l'endroit où Murat, Franchescetti et Campana s'épuisaient
en efforts pour faire glisser la barque sur le sable. Ces cris
furent immédiatement suivis d'une décharge générale.
Campana tomba : une balle venait de lui traverser la
poitrine. Cependant la barque était à flot : le général

CRIMES CÉLÈBRES.

Franchescetti s'élança dedans ; Murat voulut le suivre,
mais il ne s'était point aperçu que les éperons de ses bottes à l'écuyère étaient embarrassés dans les mailles du filet.
La barque, cédant à l'impulsion donnée par lui, se déroba sous ses mains, et le roi tomba les pieds sur la plage
et le visage dans la mer. Avant qu'il eût eu le temps
de se relever, la population s'était ruée sur lui : en un
instant elle lui arracha ses épaulettes, sa bannière et son
habit, et elle allait le mettre en morceaux lui-même,
si Georges Pellegrino et Trenta Capelli, prenant sa vie
sous leur protection, ne lui eussent donné le bras de
chaque côté, en le défendant à leur tour contre la populace. Il traversa ainsi en prisonnier sa place qu'une
heure auparavant il abordait en roi. Ses conducteurs le
menèrent au château ; on le poussa dans la prison commune, on referma la porte sur lui, et le roi se trouva au
milieu des voleurs et des assassins, qui, ne sachant pas
qui il était, et le prenant pour un compagnon de crimes,
l'accueillirent par des injures et des huées.

Un quart d'heure après la porte du cachot se rouvrit,
et le commandant Mattei entra : il trouva Murat debout,
les bras croisés, la tête haute et fière. Il y avait une expression de grandeur indéfinissable dans cet homme à
demi nu, et dont la figure était souillée de boue et de
sang. Il s'inclina devant lui.

— Commandant, lui dit Murat reconnaissant son
grade à ses épaulettes, regardez autour de vous, et dites
si c'est là une prison à mettre un roi !

Alors une chose étrange arriva : ces hommes du crime,

MURAT.

qui, croyant Murat un de leurs complices, l'avaient accueilli avec des vociférations et des rires, se courbèrent
devant la majesté royale, que n'avaient point respectée
Pellegrino et Trenta Capelli, et se retirèrent silencieux
au plus profond de leur cachot. Le malheur venait de
donner un nouveau sacre à Joachim.

Le commandant Mattei murmura quelques excuses, et
invita Murat à le suivre dans une chambre qu'il venait
de lui faire préparer ; mais, avant de sortir, Murat fouilla
à sa poche, en tira une poignée d'or, et la laissant
tomber comme une pluie au milieu du cachot :

— Tenez, dit-il en se retournant vers les prisonniers,
il ne sera pas dit que vous avez reçu la visite d'un roi,
tout captif et découronné qu'il est, sans qu'il vous ait fait
largesse.

— Vive Joachim ! crièrent les prisonniers.

Murat sourit amèrement. Ces mêmes paroles répétées
par un pareil nombre de voix, il y a une heure, sur la
place publique, au lieu de retentir maintenant dans une
prison, le faisaient roi de Naples ! Les résultats les plus
importans sont amenés parfois par des causes si minimes,
qu'on croirait que Dieu et Satan jouent aux dés la vie ou la
mort des hommes, l'élévation ou la chute des empires.

Murat suivit le commandant Mattei : il le conduisit
dans une petite chambre qui appartenait au concierge, et
que celui-ci céda au roi. Il allait se retirer, lorsque Murat le rappela :

— Monsieur le commandant, lui dit-il, je désire un
bain parfumé.

— Sire, la chose est difficile.

— Voilà cinquante ducats ; qu'on achète toute l'eau de Cologne qu'on trouvera. Ah ! que l'on m'envoie des tailleurs.

— Il sera impossible de trouver ici des hommes capables de faire autre chose que des costumes du pays.

— Qu'on aille à Montelcone, et qu'on me ramène ici tous ceux qu'on pourra réunir.

Le commandant s'inclina et sortit.

Murat était au bain lorsqu'on lui annonça la visite du chevalier Alcala, général du prince de l'Infantado et gouverneur de la ville. Il faisait apporter des couvertures de damas, des draps et des fauteuils. Murat fut sensible à cette attention, et il en reprit une nouvelle sérénité.

Le même jour, à deux heures, le général Nunziante arriva de Saint-Tropea avec trois mille hommes. Murat revit avec plaisir une vieille connaissance ; mais, au premier mot, le roi s'aperçut qu'il était devant un juge, et que sa présence avait pour but non pas une simple visite, mais un interrogatoire en règle. Murat se contenta de répondre qu'il se rendait de Corse à Trieste en vertu d'un passeport de l'empereur d'Autriche, lorsque la tempête et le défaut de vivres l'avaient forcé de relâcher au Pizzo. A toutes les autres questions Murat opposa un silence obstiné ; puis enfin, fatigué de ses instances : — Général, lui dit-il, pouvez-vous me prêter des habits, afin que je sorte du bain ?

Le général comprit qu'il n'avait rien à attendre de plus, salua le roi et sortit. Dix minutes après, Murat reçut

MURAT.

un uniforme complet ; il le revêtit aussitôt, demanda une plume et de l'encre, écrivit au général en chef des troupes autrichiennes à Naples, à l'ambassadeur d'Angleterre, et à sa femme, pour les informer de sa détention au Pizzo. Ces dépêches terminées, il se leva, marcha quelque temps avec agitation dans la chambre ; puis enfin, éprouvant le besoin d'air, il ouvrit la fenêtre La vue s'étendait sur la plage même où il avait été arrêté.

Deux hommes creusaient un trou dans le sable au pied de la petite redoute ronde. Murat les regarda faire machinalement. Lorsque ces deux hommes eurent fini, ils entrèrent dans une maison voisine, et bientôt ils en sortirent portant entre leurs bras un cadavre. Le roi rappela ses souvenirs, et il lui sembla en effet qu'il avait, au milieu de cette scène terrible, vu tomber quelqu'un auprès de lui ; mais il ne savait plus qui. Le cadavre était complètement nu ; mais à ses longs cheveux noirs, à la jeunesse de ses formes, le roi reconnut Campana : c'était celui de ses aides de camp qu'il aimait le mieux. Cette scène, vue à l'heure du crépuscule, vue de la fenêtre d'une prison ; cette inhumation dans la solitude, sur cette plage, dans le sable, émurent plus fortement Murat que n'avaient pu le faire ses propres infortunes. De grosses larmes vinrent au bord de ses yeux et coulèrent silencieusement sur sa face de lion. En ce moment le général Nunziante rentra, et le surprit les bras tendus, le visage baigné de pleurs. Murat entendit du bruit, se retourna, et voyant l'étonnement du vieux soldat : — Oui, général, lui dit-il, oui, je pleure. Je pleure sur cet enfant de

CRIMES CÉLÈBRES.

vingt-quatre ans, que sa famille m'avait confié, et dont
j'ai causé la mort ; je pleure sur cet avenir vaste, riche et
brillant, qui vient de s'éteindre dans une fosse ignorée, sur
une terre ennemie, et sur un rivage hostile. O Campana !
Campana ! si jamais je remonte sur le trône, je te ferai
élever un tombeau royal !

Le général avait fait préparer un dîner dans la
chambre attenante à celle qui servait de prison au roi :
Murat l'y suivit, se mit à table, mais ne put manger.
Le spectacle auquel il venait d'assister lui avait brisé le
cœur ; et cependant cet homme avait parcouru sans fron-
cer le sourcil les champs de bataille d'Aboukir, d'Eylau et de la Moskowa !

Après le dîner Murat entra dans sa chambre, remit au
général Nunziante les diverses lettres qu'il avait écrites, et
le pria de le laisser seul. Le général sortit.

Murat fit plusieurs fois le tour de sa chambre, se pro-
menant à grands pas et s'arrêtant de temps en temps
devant la fenêtre, mais sans l'ouvrir. Enfin il parut sur-
monter une répugnance profonde, porta la main sur l'es-
pagnolette et tira la croisée à lui. La nuit était calme,
on distinguait toute la plage. Il chercha des yeux la place où
était enterré Campana : deux chiens qui grattaient la tombe
la lui indiquèrent. Le roi repoussa la fenêtre avec violence,
et se jeta tout habillé sur son lit. Enfin, craignant qu'on
n'attribuât son agitation à une crainte personnelle, il se
dévêtit, se coucha et dormit, ou parut dormir toute la nuit.

Le 9 au matin les tailleurs que Murat avait demandés
arrivèrent. Il leur commanda force habits, dont il prit la

MURAT.

peine de leur expliquer les détails avec sa fastueuse fantaisie. Il était occupé de ce soin lorsque le général Nunziante entra. Il écouta tristement les ordres que donnait le roi : il venait de recevoir les dépêches télégraphiques qui ordonnaient au général de faire juger le roi de Naples, comme ennemi public, par une commission militaire. Mais celui-ci trouva le roi si confiant, si tranquille et presque si gai, qu'il n'eut pas le courage de lui annoncer la nouvelle de sa mise en jugement; il prit même sur lui de retarder l'ouverture de la commission militaire jusqu'à ce qu'il eût reçu une dépêche écrite. Elle arriva le 12 au soir. Elle était conçue en ces termes :

Naples, 9 octobre 1815.

« Ferdinand, par la grâce de Dieu, etc., avons décrété et décrétons ce qui suit :

» Art. 1er. Le général Murat sera traduit devant une commission militaire, dont les membres seront nommés par notre ministre de la guerre.

» Art. 2. Il ne sera accordé au condamné qu'une demi-heure pour recevoir les secours de la religion.

» Signé FERDINAND. »

Un autre arrêté du ministre contenait les noms des membres de la commission ; c'étaient :

Giuseppe Fascule, adjudant, commandant et chef de l'état-major, président;

Raffaello Scalfaro, chef de la légion de la Calabre inférieure ;

· Latereo Natati, lieutenant-colonel de la marine royale;

Gennaro Lanzetta, lieutenant-colonel du corps du génie;

W. T., capitaine d'artillerie ;

François de Vengé, idem ;

Francesco Martellari, lieutenant d'artillerie ;

Francesco Fröio, lieutenant au 3° régiment ;

Giovanni della Camera , procureur général au tribunal criminel de la Calabre inférieure ;

Et Francesco Papavassi, greffier.

La commission s'assembla dans la nuit. Le 13 octobre, à six heures du matin, le capitaine Stratti entra dans la prison du roi ; il dormait profondément : Stratti allait sortir, lorsqu'en marchant vers la porte il heurta une chaise ; ce bruit réveilla Murat. — Que me voulez-vous, capitaine? demanda le roi.

Stratti voulut parler, mais la voix lui manqua.

— Ah! ah! dit Murat, il paraît que vous avez reçu des nouvelles de Naples?...

— Oui, sire, murmura Stratti.

— Qu'annoncent-elles ? dit Murat.

— Votre mise en jugement, sire.

— Et par qui l'arrêt sera-t-il prononcé, s'il vous plaît? Où trouvera-t-on des pairs pour me juger? Si l'on me considère comme un roi, il faut assembler un tribunal de rois; si l'on me considère comme un maréchal de France, il me faut une cour de maréchaux ; et si on me considère comme général, et c'est le moins qu'on puisse faire, il me faut un jury de généraux.

— Sire, vous êtes déclaré ennemi public, et comme tel vous êtes passible d'une commission militaire ; c'est la loi que vous avez rendue vous-même contre les rebelles.

— Cette loi fut faite pour des brigands, et non pour des têtes couronnées, monsieur, dit dédaigneusement Murat. Je suis prêt, que l'on m'assassine, c'est bien ; je n'aurais pas cru le roi Ferdinand capable d'une pareille action.

— Sire, ne voulez-vous pas connaître la liste de vos juges ?

— Si fait, monsieur, si fait ; ce doit être une chose cu- rieuse : lisez, je vous écoute.

Le capitaine Stratti lut les noms que nous avons cités. Murat les entendit avec un sourire dédaigneux.

— Ah ! continua-t-il lorsque le capitaine eut achevé, il paraît que toutes les précautions sont prises ?

— Comment cela, sire ?

— Oui, ne savez-vous pas que tous ces hommes, à l'exception du rapporteur Francesco Froio, me doivent leurs grades ? ils auront peur d'être accusés de recon- naissance, et, moins une voix peut-être, l'arrêt sera unanime.

— Sire, si vous paraissiez devant la commission, si vous plaidiez vous-même votre cause ?

-- Silence, monsieur, silence, dit Murat. Pour qu' je reconnaisse les juges que l'on m'a nommés, il faudrait déchirer trop de pages de l'histoire ; un tel tribunal est incompétent, et j'aurais honte de me présenter devant lui ; je sais que je ne puis sauver ma vie, laissez-moi sauver au moins la dignité royale.

En ce moment le lieutenant Francesco Froio entra

pour interroger le prisonnier, et lui demanda ses noms, son âge, sa patrie. A ces questions, Murat se leva avec une expression de dignité terrible : — Je suis Joachim Napoléon, roi des Deux-Siciles, lui répondit-il, et je vous ordonne de sortir. — Le rapporteur obéit.

Alors Murat passa un pantalon seulement, et demanda à Stratti s'il pouvait adresser des adieux à sa femme et à ses enfans. Celui-ci ne pouvant plus parler, répondit par un geste affirmatif, aussitôt Joachim s'assit à une table, et écrivit cette lettre [7] :

« Chère Caroline de mon cœur.

» L'heure fatale est arrivée, je vais mourir du dernier des supplices ; dans une heure tu n'auras plus d'époux, et nos enfans n'auront plus de père : souvenez-vous de moi et n'oubliez jamais ma mémoire.

» Je meurs innocent, et la vie m'est enlevée par un jugement injuste.

» Adieu, mon Achille ; adieu, ma Lætitia ; adieu, mon Lucien ; adieu, ma Louise.

» Montrez-vous dignes de moi ; je vous laisse sur une terre et dans un royaume pleins de mes ennemis : montrez-vous supérieurs à l'adversité, et souvenez-vous de ne pas vous croire plus que vous n'êtes, en songeant à ce que vous avez été.

» Adieu ; je vous bénis. Ne maudissez jamais ma mémoire. Rappelez-vous que la plus grande douleur que j'éprouve dans mon supplice est celle de mourir loin de mes enfans, loin de ma femme, et de n'avoir aucun ami pour me fermer les yeux.

» Adieu, ma Caroline ; adieu, mes enfans ; recevez ma bénédiction paternelle, mes tendres larmes et mes derniers baisers.

» Adieu, adieu ; n'oubliez pas votre malheureux père.

Pizzo, le 15 octobre 1815.

» JOACHIM MURAT. »

Alors il coupa une boucle de ses cheveux et la mit dans la lettre. En ce moment le général Nunziante entra ; Murat alla à lui et lui tendit la main : — Général, lui dit-il, vous êtes père, vous êtes époux, vous saurez un jour ce que c'est que de quitter sa femme et ses fils : jurez-moi que cette lettre sera remise.

— Sur mes épaulettes, dit le général en s'essuyant les yeux.

— Allons, allons, du courage, général, dit Murat : nous sommes soldats, nous savons ce que c'est que la mort. Une seule grâce : vous me laisserez commander le feu, n'est-ce pas ?—Le général fit signe de la tête que cette dernière faveur lui serait accordée. En ce moment le rapporteur entra, la sentence du roi à la main. Murat devina ce dont il s'agissait. — Lisez, monsieur, lui dit-il froidement, je vous écoute.—Le rapporteur obéit. Murat ne s'était pas trompé : il y avait eu, moins une voix, unanimité pour la peine de mort.

Lorsque la lecture fut finie, le roi se retourna vers

CRIMES CÉLÈBRES.

Nunziante : — Général, lui dit-il, croyez que je sépare, dans mon esprit, l'instrument qui me frappe de la main qui le dirige. Je n'aurais pas cru que Ferdinand m'eût fait fusiller comme un chien : il ne recule pas devant cette infamie ! c'est bien, n'en parlons plus. J'ai récusé mes juges, mais non pas mes bourreaux. Quelle est l'heure que vous désignez pour mon exécution?

— Fixez-la vous-même, sire, dit le général.

Murat tira de son gousset une montre sur laquelle était le portrait de sa femme ; le hasard fit qu'elle était tournée de telle manière que ce fut le portrait et non le cadràn qu'il amena devant ses yeux ; il le regarda avec tendresse :

— Tenez, général, dit-il en le montrant à Nunziante, c'est le portrait de la reine ; vous la connaissez ; n'est-ce pas qu'elle est bien ressemblante?

Le général détourna la tête. Murat poussa un soupir et remit la montre dans son gousset.

— Eh bien ! sire, dit le rapporteur, quelle heure fixez-vous?

— Ah ! c'est juste, dit Murat en souriant ; j'avais oublié pourquoi j'avais tiré ma montre en voyant le portrait de Caroline. — Alors il regarda sa montre de nouveau, mais cette fois du côté du cadran. — Eh bien ! ce sera pour quatre heures, si vous voulez ; il est trois heures passées, c'est cinquante minutes que je vous demande ; est-ce trop, monsieur?

Le rapporteur s'inclina et sortit. Le général voulut le suivre.

MURAT.

— Ne vous reverrai-je plus, Nunziante? dit Murat.

— Mes ordres m'enjoignent d'assister à votre mort, sire; mais je n'en aurai pas la force.

— C'est bien, général, c'est bien; je vous dispense d'être là au dernier moment; mais je désire vous dire adieu encore une fois et vous embrasser.

— Je me trouverai sur votre route, sire.

— Merci. Maintenant laissez-moi seul.

— Sire, il y a là deux prêtres. — Murat fit un signe d'impatience. — Voulez-vous les recevoir? continua le général.

— Oui, faites-les entrer.

Le général sortit. Un instant après les deux prêtres parurent au seuil de la porte : l'un se nommait don Francesco Pellegrino : c'était l'oncle de celui qui avait causé la mort du roi; et l'autre don Antonio Masdea.

— Que venez-vous faire ici? leur dit Murat.

— Vous demander si vous voulez mourir en chrétien.

— Je mourrai en soldat. Laissez-moi.

Don Francesco Pellegrino se retira. Sans doute il était mal à l'aise devant Joachim. Quant à Antonio Masdea, il resta sur le seuil de la porte.

— Ne m'avez-vous pas entendu? dit le roi.

— Si fait, répondit le vieillard; mais permettez-moi, sire, de ne pas croire que c'est votre dernier mot. Ce n'est pas la première fois que je vous vois et que je vous implore; j'ai déjà eu l'occasion de vous demander une grâce.

— Laquelle?

—Lorsque votre majesté vint au Pizzo, en 1810, je lui demandai vingt-cinq mille francs pour faire achever notre église ; votre majesté m'en envoya quarante mille.

— C'est que je prévoyais que j'y serais enterré, répondit en souriant Murat.

— Eh bien ! sire, j'aime à croire que vous ne refuserez pas plus ma seconde prière que vous ne m'avez refusé la première. Sire, je vous le demande à genoux.

Le vieillard tomba aux pieds de Murat.

— Mourez en chrétien !

— Cela vous fera donc bien plaisir ? dit le roi.

— Sire, je donnerais le peu de jours qui me restent pour obtenir de Dieu que son esprit vous visitât à votre dernière heure.

— Eh bien ! dit Murat, écoutez ma confession : Je m'accuse, étant enfant, d'avoir désobéi à mes parens ; depuis je suis devenu un homme, je n'ai jamais eu autre chose à me reprocher.

— Sire, me donneriez-vous une attestation que vous mourez dans la religion chrétienne ?

— Sans doute, dit Murat. Et il prit une plume et écrivit :

« Moi, Joachim Murat, je meurs en chrétien, croyant » à la sainte Église catholique, apostolique et romaine. » Et il signa.

— Maintenant, mon père, continua le roi, si vous avez une troisième grâce à me demander, hâtez-vous, car dans une demi-heure il ne serait plus temps. En effet, l'horloge du château sonna en ce moment trois heures et demie.

MURAT.

Le prêtre fit signe que tout était fini. — Laissez-moi donc seul, dit Murat. — Le vieillard sortit.

Murat se promena quelques minutes à grands pas dans la chambre ; puis il s'assit sur son lit et laissa tomber sa tête dans ses deux mains. Sans doute, pendant le quart d'heure où il resta ainsi absorbé dans ses pensées, il vit repasser devant lui sa vie toute entière, depuis l'auberge d'où il était parti jusqu'au palais où il était entré ; sans doute, son aventureuse carrière se déroula, pareille à un rêve doré, à un mensonge brillant, à un conte des *Mille et une Nuits*. Comme un arc-en-ciel il avait brillé pendant un orage, et comme un arc-en-ciel ses deux extrémités se perdaient dans les nuages de sa naissance et de sa mort. Enfin, il sortit de sa contemplation intérieure et releva son front pâle mais tranquille. Alors ils s'approcha d'une glace, arrangea ses cheveux : son caractère étrange ne le quittait pas. Fiancé de la mort, il se faisait beau pour elle.

Quatre heures sonnèrent.

Murat alla lui-même ouvrir la porte.

Le général Nunziante l'attendait.

— Merci, général, lui dit Murat : vous m'avez tenu parole ; embrassez-moi, et retirez-vous ensuite , si vous le voulez.

Le général se jeta dans les bras du roi en pleurant et sans pouvoir prononcer une parole.

— Allons, du courage, lui dit Murat ; vous voyez bien que je suis tranquille.

C'était cette tranquillité qui brisait le courage du gé-

néral ! il s'élança hors du corridor et sortit du château
en courant comme un insensé.

Alors le roi marcha vers la cour ; tout était prêt pour
l'exécution. Neuf hommes et un caporal étaient rangés
en ligne près de la porte de la chambre du conseil ; devant eux était un mur de douze pieds de haut ; trois pas
avant ce mur était un seuil d'un seul degré : Murat alla
se placer sur cet escalier, qui lui faisait dominer d'un
pied à peu près les soldats chargés de son exécution. Arrivé là, il tira sa montre, baisa le portrait de sa femme,
et, les yeux fixés sur lui, il commanda la charge des
armes. Au mot feu, cinq des neuf hommes tirèrent : Murat resta debout. Les soldats avaient eu honte de tirer
sur leur roi, ils avaient visé au-dessus de sa tête.

Ce fut peut-être en ce moment qu'éclata le plus magnifiquement ce courage de lion, qui était la vertu particulière de Murat ; pas un trait de son visage ne s'altéra,
pas un muscle de son corps ne faiblit ; seulement, regardant les soldats avec une expression de reconnaissance
amère :

— Merci, mes amis, leur dit-il ; mais comme tôt ou
tard vous serez obligés de viser juste, ne prolongez pas
mon agonie. Tout ce que je vous demande, c'est de viser
au cœur et d'épargner la figure. Recommençons.

Et avec la même voix, avec le même calme, avec le
même visage, il répéta les paroles mortelles les unes après
les autres, sans lenteur, sans précipitation, et comme il
eût commandé une simple manœuvre ; mais cette fois,
plus heureux que la première, au mot feu, il tomba percé

MURAT.

de huit balles, sans faire un mouvement, sans pousser
un soupir, sans lâcher la montre qu'il tenait serrée dans
sa main gauche [8].

Les soldats ramassèrent le cadavre, le couchèrent sur
le lit où, dix minutes auparavant, il était assis, et le capitaine mit une garde à la porte.

Le soir un homme se présenta pour entrer dans la
chambre mortuaire : la sentinelle lui en refusa l'entrée ;
mais cet homme demanda à parler au commandant du
château. Conduit devant lui, il lui montra un ordre. Le
commandant le lut avec une surprise mêlée de dégoût ;
puis, la lecture achevée, il le conduisit jusqu'à la porte
qu'on lui avait refusée.

— Laissez passer le seigneur Luidgi,—dit-il à la sentinelle. La sentinelle présenta les armes à son commandant. Luidgi entra.

Dix minutes s'étaient à peine écoulées, lorsqu'il sortit
tenant à la main un mouchoir ensanglanté ; dans ce mouchoir était un objet que la sentinelle ne put reconnaître.

Une heure après, un menuisier apporta le cercueil
qui devait renfermer les restes du roi. L'ouvrier entra
dans la chambre ; mais presque aussitôt il appela la sentinelle avec un accent indicible d'effroi. Le soldat entre-
bâilla la porte pour regarder ce qui avait pu causer la
terreur de cet homme. Le menuisier lui montra du
doigt un cadavre sans tête.

A la mort du roi Ferdinand on retrouva dans une ar-
moire secrète de sa chambre à coucher cette tête conservée dans de l'esprit-de-vin [9].

CRIMES CÉLÈBRES.

Huit jours après l'exécution du Pizzo, chacun avait déjà reçu sa récompense : Trenta Capelli était fait colonel, le général Nunziante été créé marquis. et Luidgi était mort empoisonné.

NOTES.

NOTES.

[1] A 48.000 fr.

[2] Conspiration de Pichegru.

[3] Joliclève.

[4] Pêche du thon.

[5] Ces détails sont populaires à Toulon, et m'ont été racontés vingt fois à moi-même pendant le double séjour que je fis en 1334 et 1835 dans cette ville; quelques-uns de ceux qui me les rapportaient les tenaient de la bouche même de Langlade et de Donadieu.

[6] Bateaux de poste siciliens.

[7] Nous pouvons en garantir l'authenticité, l'ayant transcrite nous-même au Pizzo sur la copie qu'avait conservée de l'original le chevalier Alcala.

[8] Mᵐᵉ Murat a racheté cette montre 200 louis.

[9] Comme je ne crois pas aux atrocités sans motifs, je demandai au général T. la raison de celle-ci : il me répondit que, comme Murat avait été jugé et fusillé dans un coin perdu de la Calabre, le roi de Naples craignait toujours que quelque aventurier ne se présentât sous le nom de Joachim : on lui eût répondu alors en lui montrant la tête de Murat

LES BORGIA.

Le 8 avril 1492, dans une chambre à coucher du palais de Carreggi, situé à une lieue à peu près de Florence, trois hommes étaient groupés autour d'un lit où agonisait un quatrième.

Le premier de ces trois hommes, qui était assis au pied de la couche mortuaire, et à moitié enveloppé dans les rideaux de brocart d'or, afin de cacher ses larmes, était Ermolao Barbaro, l'auteur du traité *du Célibat*, et des *Études sur Pline*, qui, l'année précédente, étant à Rome en qualité d'ambassadeur de la république de Florence, avait été nommé patriarche d'Aquilée par Innocent VIII.

Le second, qui était agenouillé, et qui tenait une main du mourant entre les siennes, était Ange Politien, le Catulle du quinzième siècle, esprit antique et fleuri, et qu'on eût pris à ses vers latins pour un poète du temps d'Auguste.

Enfin, le troisième, qui était debout, appuyé contre une des colonnes torses du chevet, et qui suivait avec une profonde mélancolie les progrès du mal sur le visage du moribond, était le fameux Pic de la Mirandole, qui à l'âge de vingt ans parlait vingt-deux langues, et qui offrait de répondre dans chacune d'elles à sept cents ques-

CRIMES CÉLÈBRES.

tions qui lui seraient faites par les vingt hommes les
plus instruits du monde entier, si on pouvait les réunir
à Florence.

Quant au mourant, c'était Laurent le Magnifique, qui
atteint depuis le commencement de l'année d'une fièvre
âcre et profonde, à laquelle s'était jointe la goutte, maladie héréditaire dans sa famille, et qui, voyant enfin que
les boissons de perles dissoutes que lui faisait prendre
le charlatan Leoni de Spolete, comme s'il eût voulu pro-
portionner ses remèdes à la richesse plutôt qu'aux besoins
du malade, étaient inutiles et impuissantes, avait compris qu'il lui fallait quitter ses femmes aux tendres paroles,
ses poètes aux doux chants, ses palais aux riches tentures,
et qui avait fait demander, pour lui donner l'absolution de
ses péchés, que chez un homme moins haut placé on eût
peut-être appelés des crimes, le dominicain Jérôme-Fran-
çois Savonarole.

Au reste, ce n'était pas sans une crainte intérieure,
contre laquelle étaient impuissantes les louanges de ses
amis, que le voluptueux usurpateur attendait le prédicateur sombre et sévère dont la parole remuait Florence,
et sur le pardon duquel reposait désormais tout son espoir
d'un autre monde. En effet, Savonarole était un de
ces hommes de marbre, qui, pareils à la statue du com-
mandeur, viennent frapper à la porte des voluptueux au
milieu de leurs fêtes et de leurs orgies, pour leur dire qu'il
est cependant bien l'heure qu'ils commencent à penser au
ciel. Né à Ferrare, où sa famille, l'une des plus illustres
de Padoue, avait été appelée par le marquis Nicolas d'Est,

CRIMES CÉLÈBRES.

il s'était, à l'âge de vingt-trois ans, emporté par une vo-
cation irrésistible, enfui de la maison paternelle, et avait
fait profession dans le cloître des religieux dominicains de
Florence. Là, destiné par ses supérieurs à donner des
leçons de philosophie, le jeune novice avait eu à lutter
tout d'abord contre les défauts d'un organe faible et dur,
contre une prononciation défectueuse, et surtout contre
l'abattement de ses forces physiques, épuisées par une
abstinence trop sévère.

Savonarole se condamna dès lors à la retraite la plus
absolue, et disparut dans les profondeurs de son couvent,
comme si la pierre de la tombe était déjà retombée sur
lui. Là, agenouillé sur les dalles, priant sans cesse devant un crucifix de bois, exalté par les veilles et par les
pénitences, il passa bientôt de la contemplation à l'ex-
tase, et commença de sentir en lui-même cette impulsion
secrète et prophétique qui l'appelait à prêcher la réformation de l'église. .

Cependant la réformation de Savonarole, plus respectueuse que celle de Luther, qu'elle précédait de vingt-
cinq ans à peu près, respectait les choses tout en atta-
quant les hommes, et avait pour but de changer les dog-
mes humains, mais non la foi divine. Il ne procédait pas,
comme le moine allemand, par la raison, mais par l'enthousiasme. La logique chez lui cédait toujours à l'inspiration ; ce n'était pas un théologien, c'était un prophète.

Néanmoins son front, courbé jusque là devant l'autorité de l'église, s'était déjà relevé devant la puissance

CRIMES CÉLÈBRES.

temporelle. La religion et la liberté lui paraissaient deux vierges également saintes ; de sorte que dans son esprit Laurent lui semblait aussi coupable en asservissant l'une que le pape Innocent VIII en déshonorant l'autre. Il en résultait que, tant que Laurent avait vécu, riche, heureux et magnifique, Savonarole n'avait jamais voulu, quelques instances, qui lui eussent été faites, sanctionner par sa présence un pouvoir qu'il regardait comme illégitime. Mais Laurent au lit de mort le faisait appeler, c'était autre chose. L'austère prédicateur s'était aussitôt mis en route, les pieds et la tête nus, espérant sauver non seulement l'ame du moribond, mais encore la liberté de la république.

Laurent, comme nous l'avons dit, attendait l'arrivée de Savonarole avec une impatience mêlée d'inquiétude ; de sorte que, lorsqu'il entendit le bruit de ses pas, son visage pâle prit une teinte plus cadavéreuse encore, tandis qu'en même temps il se soulevait sur le coude, ordonnant par un geste à ses trois amis de s'éloigner. Ceux-ci obéirent aussitôt, et à peine étaient-ils sortis par une porte, que la portière de l'autre se souleva, et que le moine, pâle, immobile et grave, apparut sur le seuil. En l'apercevant, Laurent de Médicis, lisant sur son front de marbre l'inflexibilité d'une statue, retomba sur son lit en poussant un soupir si profond, que l'on eût pu croire que c'était le dernier.

Le moine jeta un coup d'œil autour de l'appartement, comme pour s'assurer qu'il était bien seul avec le mourant ; puis il s'avança d'un pas lent et solennel vers le lit.

Laürent le regarda s'approcher avec terreur, puis quand il fut à ses côtés.

— O mon père, j'étais un bien grand pécheur! s'é-cria-t-il.

— La miséricorde de Dieu est infinie, répondit le moine, et je suis chargé de la miséricorde divine vis-à-vis de toi.

— Vous croyez donc que Dieu me pardonnera mes péchés? s'écria le mourant, se reprenant à l'espoir en entendant des paroles si inattendues sortir de la bouche du moine.

— Tes péchés et tes crimes, Dieu te pardonnera tout, répondit Savonarole. Dieu te pardonnera tes plaisirs fri-voles, tes voluptés adultères, tes fêtes obscènes : voilà pour les péchés. Dieu te pardonnera d'avoir promis deux mille florins de récompense à qui t'apporterait la tête de Dietisalvi, de Nerone Nigi, d'Angelo Antinori, de Nicolo Soderini, et le double à qui te les livrerait vivans ; Dieu te pardonnera d'avoir fait mourir sur l'échafaud ou sur le gibet le fils de Papi Orlandi, Francesco de Brisighella, Bernardo Nardi, Jacob Frescobaldi, Amoretto Baldovi-netti, Pierre Balducci, Bernardo de Baudino, Francesco Frescobaldi, et plus de trois cents autres dont les noms, pour être moins célèbres que ceux-ci, n'en étaient pas moins des noms chers à Florence : voilà pour les crimes. — Et à chacun de ces noms, que Savonarole prononça len-tement, les yeux fixés sur le moribond, celui-ci répondit par un gémissement, qui prouvait que la mémoire du moine n'était que trop fidèle. Puis enfin, lorsqu'il eut fini :

CRIMES CÉLEBRES.

— Et vous croyez, mon père, répondit Laurent avec l'accent du doute, que, péchés et crimes, Dieu me pardonnera tout ?

— Tout, dit Savonarole, mais à trois conditions.

— Lesquelles ? demanda le mourant.

— La première, dit Savonarole, c'est que tu sentiras une foi entière dans la puissance et dans la miséricorde de Dieu.

— Mon père, répondit Laurent avec vivacité, je sens cette foi dans le plus profond de mon cœur.

— La seconde, dit Savonarole, c'est que tu rendras la propriété d'autrui que tu as injustement confisquée et retenue.

— Mon père, en aurais-je le temps ? demanda le moribond.

— Dieu te le donnera, répondit le moine.

Laurent ferma les yeux comme pour réfléchir plus à l'aise ; puis après un instant de silence :

— Oui, mon père, je le ferai, répondit-il.

— La troisième, reprit Savonarole, c'est que tu rendras à la république son ancienne indépendance et son antique liberté.

Laurent se dressa sur son lit, soulevé par un mouvement convulsif, interrogeant des yeux les yeux du dominicain, comme pour savoir s'il ne s'était pas trompé et s'il avait bien entendu. Savonarole répéta les mêmes paroles.

— Jamais ! jamais ! s'écria Laurent en retombant sur son lit et en secouant la tête... Jamais !

CRIMES CÉLÈBRES.

Le moine, sans répondre une seule parole, fit un pas pour se retirer.

— Mon père! mon père! dit le moribond, ne vous éloignez pas ainsi : ayez pitié de moi!

— Aie pitié de Florence, dit le moine.

— Mais, mon père, s'écria Laurent, Florence est libre, Florence est heureuse.

— Florence est esclave, Florence est pauvre, s'écrie Savonarole, pauvre de génie, pauvre d'argent, et pauvre de courage. Pauvre de génie, parce qu'après toi, Laurent, viendra ton fils Pierre ; pauvre d'argent, parce que des deniers de la république tu as soutenu la magnificence de ta famille et le crédit de tes comptoirs ; pauvre de courage, parce que tu as enlevé aux magistrats légitimes l'autorité que leur donnait la constitution, et détourné tes concitoyens de la double voie militaire et civile, dans laquelle, avant que tu ne les eusses amollis par ton luxe, ils avaient déployé des vertus antiques : de sorte que, lorsque le jour se lèvera, qui n'est pas loin, continua le moine, les yeux fixes et ardens comme s'il lisait dans l'avenir, où les barbares descendront des montagnes, les murailles de nos villes, pareilles à celles de Jéricho, tomberont au seul bruit de leurs trompettes.

— Et vous voulez que je me dessaisisse au lit de mort de cette puissance qui a fait la gloire de toute ma vie ! s'écria Laurent de Médicis.

— Ce n'est pas moi qui le veux, c'est le Seigneur, répondit froidement Savonarole.

— Impossible! impossible ! murmura Laurent.

III.   13

CRIMES CÉLÈBRES.

— Eh bien! meurs donc comme tu as vécu! s'écria le moine, au milieu de tes courtisans et de tes flatteurs, et qu'ils perdent ton ame comme ils ont perdu ton corps!

Et à ces mots, le dominicain austère, sans écouter les cris du moribond, sortit de la chambre avec le même visage et du même pas qu'il y était entré, tant il semblait, esprit déjà détaché de la terre, planer au-dessus des choses humaines.

Au cri que poussa Laurent de Médicis en le voyant disparaître, Ermolao, Politien et Pic de la Mirandole, qui avaient tout entendu, rentrèrent dans la chambre, et trouvèrent leur ami serrant convulsivement entre ses bras un crucifix magnifique qu'il venait d'arracher du chevet de son lit. En vain essayèrent-ils de le rassurer par des paroles amies : Laurent le Magnifique ne leur répondit que par ses sanglots ; et une heure après la scène que nous venons de raconter, les lèvres collées aux pieds du Christ, il expira entre les bras de ces trois hommes, dont le plus privilégié, quoiqu'ils fussent jeunes tous trois, ne devait pas lui survivre plus de deux ans.

— Comme sa perte devait entraîner beaucoup de calamités, le ciel, — dit Nicolas Machiavel, — en voulut donner des présages trop certains : la foudre tomba sur le dôme de l'église de Santa-Reparata, et Roderic Borgia fut nommé pape.—

LES BORGIA.

1492—1507.

Vers la fin du quinzième siècle, c'est-à-dire à l'époque où s'ouvre ce récit, la place de Saint-Pierre de Rome était loin d'offrir l'aspect grandiose sous lequel elle se présente de nos jours à ceux qui y arrivent par la place *dei Rusticucci.*

En effet, la basilique de Constantin n'existait plus, et celle de Michel-Ange, chef-d'œuvre de trente papes, travail de trois siècles, et dépense de deux cent soixante millions, n'existait pas encore. L'ancien édifice, qui avait duré onze cent quarante-cinq ans, avait menacé ruine vers 1440, et Nicolas V, ce précurseur artistique de Jules II et de Léon X, l'avait fait démolir, ainsi que le temple de Probus Anicius qui y attenait, et avait fait jeter à leur place, par les architectes Rosselini et Baptiste Alberti, les fondations d'un nouveau temple : mais quelques années après Nicolas V étant mort, et le Vénitien Paul II

CRIMES CÉLÈBRES.

n'ayant pu donner que cinq mille écus pour continuer le
projet de son prédécesseur, le monument s'arrêta à peine
sorti de terre, et offrit l'aspect d'un édifice mort-né, aspect plus triste encore que celui d'une ruine.

Quant à la place elle-même, elle n'avait encore, comme
on le comprend bien par l'explication que nous venons
de donner, ni sa belle colonnade du Bernin, ni ses fon-
taines jaillissantes, ni son obélisque égyptien, qui, au
dire de Pline, fut élevé par le Pharaon Nuncoré dans
la ville d'Héliopolis et transporté à Rome par Caligula,
qui le plaça dans le cirque de Néron, où il resta jusqu'en 1586 : or, comme le cirque de Néron était situé
sur le terrain même ou s'élève aujourd'hui Saint-Pierre,
et que cet obélisque couvrait de sa base la place où est
la sacristie actuelle, on le voyait comme une aiguille gi-
gantesque s'élancer au milieu des colonnes tronquées des
murs inégaux et des pierres à moitié taillées.

A droite de cette ruine au berceau, s'élevait le Vatican, splendide tour de Babel, à laquelle tous les architectes célèbres de l'école romaine ont travaillé depuis
mille ans ; il n'avait point encore à cette époque ses
deux magnifiques chapelles, ses douze grandes salles,
ses vingt-deux cours, ses trente escaliers et ses deux
mille chambres ; car le pape Sixte-Quint, ce sublime
gardeur de pourceaux, qui en cinq ans de règne a fait
tant de choses, n'avait pu encore y faire ajouter l'édifice immense qui, du côté oriental, domine la cour de
Saint-Damase ; mais c'était déjà le vieux et saint palais
aux antiques souvenirs, dans lequel Charlemagne reçut

LES BORGIA.

l'hospitalité lorsqu'il se fit couronner empereur par le pape Léon III.

Au reste, le 9 août 1492, Rome toute entière, depuis la porte du Peuple jusqu'au Colysée, et depuis les Thermes de Dioclétien jusqu'au château Saint-Ange, semblait s'être donné rendez-vous sur cette place : la multitude qui l'encombrait était si grande, qu'elle refluait dans toutes les rues environnantes, se rattachant au centre comme les rayons d'une étoile, et qu'on la voyait, pareille à un tapis mouvant et bariolé, monter dans la basilique, se grouper sur les pierres, se suspendre aux colonnes, s'étager sur les murs, entrer par les portes des maisons et reparaître à leurs croisées, si nombreuse et si pressée, qu'on eût dit que chaque fenêtre était murée avec des têtes. Or toute cette multitude avait les yeux fixés sur un seul point du Vatican, car le Vatican renfermait le conclave, et comme Innocent VIII était mort depuis seize jours, le conclave était en train d'élire un pape.

Rome est la ville des élections : depuis sa fondation jusqu'à nos jours, c'est-à-dire pendant l'espace de vingt-six siècles à peu près, elle a constamment élu ses rois, ses consuls, ses tribuns, ses empereurs et ses papes : aussi Rome pendant les jours de conclave semble-t-elle atteinte d'une fièvre étrange, qui pousse chacun vers le Vatican ou vers Monte-Cavallo, selon que l'assemblée écarlate se tient dans l'un ou l'autre de ces deux palais : c'est qu'en effet l'exaltation d'un nouveau pontife est une grande affaire pour tout le monde; car, comme, d'après la moyenne établie depuis saint Pierre jusqu'à Grégoire XVI, chaque pape dure à peu près huit

ans, ces huit ans sont, selon le caractère de celui qui est
élu, une période de tranquillité ou de désordre, de justice ou de vénalité, de paix ou de guerre.

Or jamais peut-être, depuis le jour où le premier successeur de saint Pierre s'assit au trône pontifical, jusqu'à l'interrègne où l'on était arrivé, l'inquiétude ne s'é-
tait manifestée aussi grande qu'elle l'était au moment
où nous avons montré tout ce peuple se pressant sur la
place Saint-Pierre et dans les rues qui y conduisaient. Il
est vrai que ce n'était pas sans raison, car Innocent VIII,
que l'on appelait le père de son peuple parce qu'il avait
augmenté le nombre de ses sujets de huit fils et d'autant
de filles, après avoir passé sa vie dans la volupté, venait,
comme nous l'avons dit, de mourir, à la suite d'une agonie pendant laquelle, s'il faut en croire le journal de
Stefano Infessura, deux cent vingt meurtres avaient été
commis dans les rues de Rome. Le pouvoir était donc
échu comme d'habitude au cardinal camerlingue, qui
devient souverain dans l'interrègne; mais comme celui-ci
avait dû remplir tous les devoirs de sa charge, c'est-à-
dire faire battre monnaie à son nom et à ses armes, ôter
l'anneau du pécheur du doigt du pape mort, habiller,
raser, farder et faire embaumer le cadavre, descendre
après les neuf jours d'obsèques le cercueil dans la niche
provisoire où doit se tenir le dernier pape trépassé jusqu'à ce que son successeur vienne y prendre sa place
et le renvoyer dans sa tombe définitive; enfin, comme il
lui avait fallu murer la porte du conclave et la fenêtre
du balcon où l'on proclame l'élection pontificale, il n'a-

LES BORGIA.

vait pas eu un seul moment pour s'occuper de la police ;
de sorte que les assassinats avaient continué de plus belle,
et que l'on appelait à grands cris une main énergique qui
fît rentrer dans le fourreau toutes ces épées et tous ces
poignards.

Les yeux de cette multitude étaient donc fixés, comme
nous l'avons dit, sur le Vatican, et particulièrement sur
une cheminée de laquelle devait partir le premier signal,
quand tout-à-coup, au moment de l'*Ave Maria*, c'est-à-
dire à l'heure où le jour commence à s'éteindre, de
grands cris mêlés d'éclats de rire s'élevèrent de toute
cette foule, murmure discordant de menaces et de rail-
leries : c'est qu'on venait d'apercevoir au sommet de la
cheminée une petite fumée qui semblait, comme un léger
nuage, monter perpendiculairement dans le ciel. Cette
fumée annonçait que Rome était toujours sans maître,
et que le monde n'avait pas encore de pape : car cette
fumée était celle des billets de scrutin que l'on brûlait ;
preuve que les cardinaux n'étaient point tombés d'accord.

A peine cette fumée eut-elle paru, pour se dissiper
presque aussitôt, que tout ce peuple innombrable, sachant
bien qu'il n'avait plus rien à attendre, et que tout était
dit jusqu'au lendemain dix heures du matin, moment auquel les cardinaux faisaient leur premier tirage, se retira
tumultueux et railleur, comme après la dernière fusée d'un
feu d'artifice ; si bien qu'au bout d'un instant il ne resta
plus là, où un quart d'heure auparavant s'agitait tout
un monde, que quelques curieux attardés, qui, demeurant
dans les environs ou sur la place même, étaient moins

CRIMES CÉLÈBRES.

pressés que les autres de regagner leur logis ; encore peu
à peu les derniers groupes diminuèrent-ils insensiblement ;
car neuf heures et demie venaient de sonner, et à cette
heure déjà les rues de Rome commençaient à n'être
point sûres ; puis à ces groupes succéda quelque passant
solitaire et hâtant le pas ; les portes se fermèrent successivement, les fenêtres s'éteignirent les unes après les
autres ; enfin, comme dix heures sonnaient, à l'exception
d'une des croisées du Vatican, où l'on voyait veiller une
lampe obstinée, maisons, places et rues, tout était tombé
dans la plus profonde obscurité.

En ce moment, un homme enveloppé d'un manteau se
dressa comme une ombre contre une des colonnes de la
basilique inachevée, et, se glissant lentement et avec précaution entre les pierres gisantes autour des fondations
du nouveau temple, s'avança jusque auprès de la fontaine
qui formait le centre de la place, et qui s'élevait à l'endroit même où est dressé aujourd'hui l'obélisque dont
nous avons déjà parlé ; arrivé là, il s'arrêta, doublement
caché par l'obscurité de la nuit et par l'ombre du monument, et après avoir regardé autour de lui pour voir s'il
était bien seul, il tira son épée, et frappant trois fois de
sa pointe le pavé de la place, il en fit jaillir chaque fois
des étincelles. Ce signal, car c'en était un, ne fut point
perdu ; la dernière lampe qui veillait encore au Vatican
s'éteignit, et au même instant un objet lancé par la fenêtre tomba à quelques pas de l'homme au manteau, qui,
guidé, par le son argentin qu'il avait rendu en touchant
les dalles, ne tarda point à mettre la main dessus malgré

LES BORGIA.

les ténèbres, et dès qu'il l'eut en sa possession s'éloigna rapidement.

L'inconnu marcha ainsi et sans se retourner jusqu'à la moitié de Borgo-Vecchio; mais là, ayant tourné à droite et pris une rue à l'autre extrémité de laquelle était une madone avec sa lampe, il s'approcha de la lumière, et tira de sa poche l'objet qu'il avait ramassé, et qui n'était rien autre chose qu'un écu romain ; seulement cet écu se dévissait, et dans une cavité pratiquée dans son épaisseur renfermait une lettre, que celui à qui elle était adressée commença de lire, au risque d'être reconnu, tant il avait hâte de savoir ce qu'elle contenait.

Nous disons au risque d'être reconnu, car dans son empressement le correspondant nocturne avait rejeté le capuchon de son manteau en arrière, et comme sa tête était toute entière dans le cercle lumineux projeté par la lampe, il était facile de distinguer à la lumière un beau jeune homme de vingt-cinq à vingt-six ans à peu près, vêtu d'un justaucorps violet ouvert aux épaules et aux coudes pour laisser sortir la chemise, et coiffé d'une toque de même couleur dont la longue plume noire retombait jusque sur son épaule. Il est vrai que la station ne fut pas longue ; car à peine eut-il achevé la lettre ou plutôt le billet qu'il venait de recevoir d'une manière si mystérieuse et si étrange, qu'il le replaça dans son portefeuille d'argent, et que, rajustant son manteau de manière à s'en voiler tout le bas de la figure, il reprit sa route d'un pas rapide, traversa Borgo-San-Spirito et prit la rue della Longara, qu'il suivit jusqu'au-dessus de l'église de Regina-Cœli. **Arrivé** à cet endroit, il frappa rapidement trois coups à la porte d'une maison de belle apparence, qui s'ouvrit aussitôt ; puis, montant lestement l'escalier, il entra dans une chambre, où l'attendaient deux femmes avec une impatience si visible, que toutes deux en l'apercevant s'écrièrent ensemble :

— Eh bien! Francesco, quelles nouvelles?

— Bonnes, ma mère, bonnes, ma sœur, répondit le jeune homme en embrassant l'une et en tendant la main à l'autre : notre père a gagné trois voix aujourd'hui ; mais il lui en manque encore six pour avoir la majorité.

— N'y a-t-il donc pas moyen de les acheter? s'écria la plus âgée des deux femmes, tandis que l'autre, à défaut de la parole, interrogeait du regard.

— Si fait, ma mère, si fait, répondit le jeune homme, et c'est bien à quoi mon père a pensé. Il donne au cardinal Orsini son palais de Rome avec ses deux châteaux de Monticello et de Soriano ; il donne au cardinal Colonna son abbaye de Subiaco ; il donne au cardinal de Saint-Ange l'évêché de Porto avec son mobilier et sa cave, au cardinal de Parme la ville de Nepi, au cardinal de Gênes l'église de Santa-Maria-in-via-Lata, et enfin au cardinal Savelli l'église de Sainte-Marie Majeure et la ville de Civita-Castellana : quant au cardinal Arcanio Sforza, il sait déjà que nous avons envoyé avant-hier chez lui quatre mulets chargés d'argent et de vaisselle, et sur cet argent il s'est engagé à donner cinq mille ducats au cardinal patriarche de Venise.

— Mais comment ferons-nous connaître aux autres

LES BORGIA.

les intentions de Roderic? demanda la plus âgée des deux femmes.

— Mon père a tout prévu, et nous ouvre un moyen facile : vous savez, ma mère, avec quel cérémonial on porte le dîner des cardinaux.

— Oui ; sur un brancard, dans un grand panier aux armes de celui à qui le repas est destiné.

— Mon père a acheté l'évêque qui le visite ; c'est demain jour gras : on enverra aux cardinaux Orsini, Colonna, Savelli, de Saint-Ange, de Parme et de Gênes, des poulets pour rôti, et chaque poulet contiendra une donation en bonne forme, faite par moi au nom de mon père, des maisons, palais ou églises qui leur sont destinés

— A merveille, dit la plus âgée des deux femmes ; maintenant, j'en suis sûre, tout ira bien.

— Et, par la grâce de Dieu, répondit la plus jeune avec un sourire étrangement railleur, notre père sera pape.

— Oh ! ce sera un beau jour pour nous! s'écria François.

— Et pour la chrétienté, répondit sa sœur avec une expression plus ironique encore.

— Lucrèce, Lucrèce, dit la mère, tu ne mérites pas le bonheur qui nous arrive.

— Qu'importe, puisqu'il vient tout de même? D'ailleurs vous connaissez le proverbe, ma mère : Les nombreuses familles sont bénies du Seigneur ; à plus forte raison, la nôtre, qui a tant de ressemblance avec celle des patriarches.

Et en même temps elle jeta à son frère un regard d'une telle lasciveté, que le jeune homme en rougit ; mais

CRIMES CÉLÈBRES.

comme pour le moment il avait à penser à autre chose qu'à ses amours incestueuses, il ordonna de réveiller quatre domestiques ; et tandis que ceux-ci s'armaient pour l'accompagner, il rédigea et signa les six donations qui devaient le lendemain être envoyées aux cardinaux ; car, ne voulant pas être vu chez eux, il comptait profiter de la nuit pour les remettre lui-même aux différentes personnes de confiance qui devaient les leur faire passer, ainsi qu'il avait été convenu, à l'heure du dîner. Puis, lorsque les donations furent en bon ordre et les serviteurs prêts, François sortit avec eux, laissant les deux femmes faire des rêves dorés sur leur grandeur future.

Dès le point du jour, le peuple se précipita de nouveau, aussi ardent et aussi empressé que la veille, sur la place du Vatican, où, au moment accoutumé, c'est-à-dire à dix heures du matin, la fumée vint encore, comme d'habitude, éveillant les rires et les murmures, annoncer qu'aucun des cardinaux n'avait réuni la majorité. Cependant le bruit commençait à se répandre que les chances étaient réparties sur trois candidats, qui étaient Roderic Borgia, Julien de la Rovère, et Ascanio Sforza ; car le peuple ignorait encore la circonstance des quatre mulets chargés de vaisselle et d'argent qui avaient été conduits chez ce dernier, et moyennant lesquels il avait cédé ses voix à son concurrent. Au milieu de l'agitation qu'avait excitée dans la foule cette déception nouvelle, on entendit des chants religieux : c'était une procession, commandée par le cardinal camerlingue pour obtenir du ciel la prompte élection d'un pape, et qui, partie de l'église d'Ara-Cœli au

LES BORGIA.

Capitole, devait faire des stations devant les principales
madones et dans les basiliques les plus fréquentées. Dès
qu'on aperçut le crucifix d'argent qui la précédait, le
silence le plus profond se rétablit, et chacun se mit à genoux : de sorte qu'un recueillement suprême succéda
au tumulte et au bruit qui quelques minutes auparavant
se faisait entendre, et qui à chaque fumée nouvelle prenait un caractère plus menaçant. Aussi beaucoup pensè-
rent-ils que la procession, en même temps que son but
religieux, avait un but politique, et que son influence devait être aussi grande sur la terre qu'au ciel. En tout cas,
si tel avait était le dessein du cardinal camerlingue, il ne
s'était pas trompé, et l'effet produit fut tel qu'il le désirait : la procession passée, les rires et les plaisanteries con-
tinuèrent ; mais les cris et les menaces avaient complètement cessé.

Toute la journée s'écoula ainsi ; car à Rome personne
ne travaille : on est cardinal ou laquais, et chacun vit on
ne sait comment. La foule était donc toujours des plus
nombreuses, lorsque, vers les deux heures de l'après-midi,
une autre procession, mais qui avait, celle-là, le privilége de provoquer autant de bruit que l'autre commandait
de silence, traversa à son tour la place Saint-Pierre :
c'était la procession du dîner. Le peuple l'accueillit avec
ses éclats de rire habituels, sans se douter, irrévérentieux
qu'il était, qu'avec cette procession, plus efficace que la
première, le nouveau pape venait de passer.

L'heure de l'*Ave Maria* vint comme la veille, mais,
comme la veille, l'attente de toute la journée fut perdue,

CRIMES CÉLÈBRES.

et à huit heures et demie sonnant la fumée quotidienne reparut au sommet de la cheminée. Mais, comme au même moment des bruits qui venaient de l'intérieur du Vatican se répandirent, annonçant que, selon toute probabilité, l'élection aurait lieu le lendemain, ce bon peuple prit patience D'ailleurs il avait fait très-chaud ce jour-là, et il était s écrasé de fatigue et si brûlé par le soleil, lui qui vit d'ombre et de paresse, qu'il n'avait plus même la force de crier.

La journée du lendemain, qui était celle du 11 août 1492, se leva orageuse et sombre ; ce qui n'empêcha pas la multitude d'encombrer places, rues, portes, maisons, basiliques. D'ailleurs cette disposition du temps était une véritable bénédiction du ciel ; car s'il y avait de la chaleur, du moins il n'y aurait pas de soleil.

Vers les neuf heures un orage terrible s'amoncela sur tout le Transtevère; mais qu'importait à cette foule pluie, éclairs et foudre ? elle était préoccupée d'un bien autre soin, elle attendait son pape ; on le lui avait promis pour ce jour-là, et l'on pouvait voir, aux dispositions de chacun, que, si la journée se passait sans qu'il y eût élection, alors il pourrait bien y avoir émeute : aussi, à mesure que l'heure s'avançait, l'agitation devenait-elle plus grande. Neuf heures, neuf heures et demie, dix heures moins un quart sonnèrent, sans que rien vînt confirmer ou détruire ses espérances ; enfin le premier coup de dix heures se fit entendre : tous les yeux se portèrent vers la cheminée ; dix heures sonnèrent lentement, chaque coup retentissant dans le cœur de la multitude. Enfin le dixième coup

LES BORGIA.

vibra, puis s'évanouit frémissant dans l'espace, et un grand cri parti de cent mille poitrines à la fois succéda à ce silence. — *Non v'è fumo !* Il n'y a pas de fumée !... — C'est-à-dire : Nous avons un pape.

En ce moment la pluie commença de tomber; mais on ne fit point attention à elle, tant étaient grands les transports de joie et d'impatience de tout ce peuple. Enfin une petite pierre se détacha de la fenêtre murée donnant sur le balcon, et vers laquelle tous les yeux étaient fixés : une acclamation générale accueillit sa chute; peu à peu l'ouverture s'agrandit, et en peu de minutes elle fut assez large pour permettre à un homme de s'avancer sur le balcon.

Alors le cardinal Ascanio Sforza parut ; mais au moment où il allait sortir, effrayé par la pluie et les éclairs, il hésita un instant, et finit par reculer : aussitôt toute la multitude éclata à son tour comme une tempête, avec des cris, des imprécations, des hurlemens, menaçant de démolir le Vatican et d'aller chercher elle-même son pape. A ce bruit, le cardinal Sforza, plus épouvanté de l'orage populaire que de l'orage céleste, s'avança sur le balcon, et entre deux coups de tonnerre, au moment d'un silence incompréhensible à qui venait d'entendre les rumeurs qui l'avaient précédé, il fit la proclamation suivante :

— Je vous annonce une grande joie : l'éminentissime et révérendissime seigneur Roderic Lenzuolo Borgia, archevêque de Valence, cardinal-diacre de San-Nicolao-in-Carcere, vice-chancelier de l'église, vient d'être élu pape, et s'est imposé le nom d'Alexandre VI.

CRIMES CÉLÈBRES.

La nouvelle de cette nomination fut accueillie avec une joie étrange. Roderic Borgia avait la réputation d'un homme dissolu, il est vrai, mais le libertinage était monté sur le trône avec Sixte IV et Innocent VIII ; de sorte qu'il n'y avait rien de nouveau pour les Romains dans cette singulière position d'un pape ayant une maîtresse et cinq enfans. L'important pour l'heure était que le pouvoir tombât dans des mains fermes, et il était encore plus important pour la tranquillité de Rome que le nouveau pape héritât de l'épée de saint Paul que des clefs de saint Pierre.

Aussi, dans les fêtes qui furent données en cette occasion, le caractère qui domine est-il un caractère bien plus guerrier que religieux, et semble-t-il plutôt appartenir à la nomination d'un jeune conquérant qu'à l'exaltation d'un vieux pontife : ce n'étaient que jeux de mots et inscriptions prophétiques sur le nom d'Alexandre, qui pour la seconde fois semblait promettre aux Romains l'empire du monde, et le même soir, au milieu des illuminations ardentes et des feux de joie, qui semblaient faire de la ville un lac de flamme, on lut, au milieu des acclamations de la populace, l'inscription suivante :

> Sous César autrefois, Rome par la victoire
> Se fit reine chez elle et maîtresse en tout lieu :
> Mais Alexandre encor fera plus pour sa gloire;
> César n'était qu'un homme, Alexandre est un Dieu.

Quant au nouveau pontife, à peine avait-il rempli les formalités d'étiquette que lui imposait son exaltation, et payé à chacun le prix de sa simonie, qu'il jeta, du haut

LES BORGIA.

du Vatican, les yeux sur l'Europe, vaste échiquier politique, qu'il avait l'espérance de diriger au gré de son
génie.

Le monde en était arrivé à une de ces époques suprê-
mes où tout se transforme, entre une période qui finit
et une ère qui commence : à l'Orient la Turquie, au midi
l'Espagne, à l'Occident la France, au Nord l'Allemagne, allaient prendre, avec le titre de grandes nations,
cette influence qu'elles devaient exercer dans l'avenir sur
les états secondaires. — Nous allons donc jeter, avec
Alexandre VI, un coup d'œil rapide sur elles, et voir
quelle était leur situation respective à l'égard de l'Italie,
qu'elles convoitaient toutes comme une proie.

Constantin Paléologue Dragozès, assiégé par trois cent
mille Turcs, après avoir appelé en vain toute la chrétienté à son secours, n'ayant pas voulu survivre à la perte
de son empire, avait été trouvé au milieu des morts, près
de la porte Tophana ; et le 30 mai 1453, Mahomet II
avait fait son entrée à Constantinople, où, après un règne
qui lui avait mérité le surnom de Fatile, ou le vainqueur, il était mort laissant deux fils, dont l'aîné était
monté sur le trône sous le nom de Bajazet II.

Cependant l'avénement du nouveau sultan ne s'était
point accompli avec la tranquillité que son droit d'aînesse
et le choix de son père devaient lui promettre. D'jem, son
frère cadet, plus connu sous le nom de Zizime, avait ar-
gué de ce qu'il était Porphyrogénète, c'est-à-dire né pendant le règne de Mahomet, tandis que Bajazet, antérieur
à cette époque, n'était que le fils d'un simple particu-

CRIMES CÉLÈBRES.

lier. C'était une assez mauvaise chicane ; mais là où la force est tout et où le droit n'est rien, elle était suffisante pour soulever une guerre. Les deux frères, chacun à la tête d'une armée, se rencontrèrent donc en Asie en 1482. Djem fut défait après un combat de sept heures, et poursuivi par son frère, qui ne lui donna pas le temps de rallier son armée, il fut obligé de s'embarquer en Cilicie, et se réfugia à Rhodes, où il implora la protection des chevaliers de Saint-Jean, qui, n'osant lui donner asile dans leur île si proche de l'Asie, l'envoyèrent en France, où ils le firent garder avec soin dans une de leurs commanderies, malgré les instances de Cait Bay, soudan d'Égypte, lequel, s'étant révolté contre Bajazet, désirait, pour donner à sa rébellion une apparence de guerre légitime, avoir le jeune prince dans son armée. Même demande, au reste, avait été faite successivement, et dans un même but politique, par Mathias Corvinus, roi de Hongrie, par Ferdinand, roi d'Aragon et de Sicile, et par Ferdinand, roi de Naples.

De son côté, Bajazet, qui savait toute l'importance d'un pareil rival, si une fois il était allié soit de l'un, soit de l'autre des princes avec lesquels il était en guerre, avait envoyé des ambassadeurs à Charles VIII, lui offrant, s'il s'engageait à retenir D'jem auprès de lui, une pension considérable, et la souveraineté de la Terre-Sainte pour la France, dès que Jérusalem serait conquise sur le soudan d'Égypte. Le roi de France avait accepté.

Mais alors Innocent VIII était intervenu, et avait réclamé D'jem à son tour, en apparence pour appuyer des

LES BORGIA.

droits du proscrit une croisade qu'il prêchait contre les
Turcs, mais en réalité pour toucher la pension de quarante mille ducats due par Bajazet à celui des princes
chrétiens, quel qu'il fût, qui se chargeait d'être le geô-
lier de son frère. Charles VIII n'avait point osé refuser
au chef spirituel de la chrétienté une demande appuyée
sur de si saintes raisons ; de sorte que D'jem avait quitté
la France, accompagné du grand-maître d'Aubusson,
sous la garde directe duquel il était, et qui, moyennant
un chapeau de cardinal, avait consenti à céder son prisonnier. De sorte que, le 13 mars 1489, le malheureux
jeune homme, point de mire de tant d'intérêts divers,
fit son entrée solennelle à Rome, monté sur un su-
perbe cheval, revêtu d'un magnifique costume d'Orient,
entre le prieur d'Auvergne, neveu du grand-maître d'Aubusson, et François Cibo, fils du pape.

Depuis cette époque, il y était resté, et Bajazet, fidèle
à des promesses qu'il avait si grand intérêt à remplir,
avait exactement payé au souverain pontife une pension
de quarante mille ducats.

Voici pour la Turquie.

Ferdinand et Isabelle régnaient en Espagne, et jetaient
les fondemens de cette vaste puissance qui devait, vingt-
cinq ans plus tard, faire dire à Charles-Quint que le soleil ne se couchait point sur ses états. En effet, ces deux
souverains, auxquels l'histoire a conservé le nom de ca-
tholiques, avaient conquis successivement presque toutes
les Espagnes, et chassé les Maures de Grenade, leur
dernier retranchement ; tandis que deux hommes de gé-

CRIMES CÉLÈBRES.

nie, Barthélemy Diaz et Christophe Colomb, venaient, à leur profit, l'un de retrouver un monde perdu, l'autre de conquérir un monde ignoré. Ils avaient donc, grâce à leurs victoires dans l'ancien monde et à leurs découvertes dans le nouveau, acquis à la cour de Rome une influence dont n'avait joui aucun de leurs prédécesseurs.

Voici pour l'Espagne.

En France, Charles VIII avait succédé, le 30 août 483, à son père Louis XI, qui, à force d'exécutions, lui avait fait un royaume tranquille et tel qu'il convenait à un enfant montant sur le trône sous la régence d'une femme. Au reste, régence glorieuse, et qui avait contenu les prétentions des princes du sang et terminé les guerres civiles, en réunissant à la couronne tout ce qui restait encore de grands fiefs indépendans. Il en résultait qu'à l'époque où nous sommes arrivés, Charles VIII, âgé de vingt-deux ans à peu près, était, s'il faut en croire La Trémouille, — un prince petit de corps et grand de cœur; — s'il faut en croire Commines, — un enfant ne faisant que sortir du nid, dépourvu de sens et d'argent, faible de sa personne, plein de son vouloir, et accompagné de fous plutôt que de sages gens; — enfin, s'il faut en croire Guicciardini, qui, en sa qualité d'Italien, pourrait bien en avoir porté un jugement un peu partial, — un jeune homme peu intelligent des actions humaines, et transporté par un ardent désir de régner et d'acquérir de la gloire, désir bien plus fondé sur sa légèreté et sur son impétuosité que sur la conscience de son génie; ennemi de toute fatigue et de toute affaire; lorsqu'il essayait d'y

LES BORGIA.

donner son attention, il se montrait presque toujours dépourvu de prudence et de jugement. Si quelque chose
paraissait en lui digne de louange au premier coup d'œil,
en y regardant de plus près, on trouvait que ce quelque
chose était encore moins éloigné du vice que de la vertu.
Il était libéral, il est vrai, mais inconsidérément, sans
mesure et sans distinction. Il était quelquefois immuable
dans sa volonté, mais par obstination et non par constance; et ce que ses flatteurs appelaient en lui bonté
méritait bien mieux le nom d'insensibilité aux injures ou
de faiblesse d'ame. —

Quant à son portrait physique, s'il faut en croire le
même auteur, il était encore moins avantageux, et répondait merveilleusement à cette faiblesse d'esprit et de
caractère. — Il était petit, avait la tête grosse, le cou
gros et court, la poitrine et les épaules larges et élevées,
les cuisses et les jambes longues et grèles ; et comme
avec cela son visage était laid, à l'exception de son regard, qui avait de la dignité et de la vigueur, et que tous
ses membres étaient disproportionnés entre eux, il avait
plutôt l'air d'un monstre que d'un homme. —

Tel était celui dont la fortune devait faire un conquérant, et auquel le ciel réservait plus de gloire qu'il n'en
pouvait porter.

Voici pour la France.

L'empire était occupé par Frédéric III, que l'on avait
à bon droit appelé le Pacifique, par la raison, non pas
qu'il avait toujours maintenu la paix, mais qu'ayant
constamment été battu, il avait toujours été contraint

CRIMES CÉLEBRES.

de la faire. La première preuve qu'il avait donnée de cette longanimité toute philosophique avait été pendant son voyage à Rome, où il se rendait pour être sacré. En traversant les Apennins, il fut attaqué par des brigands, qui le pillèrent, et contre lesquels il ne fit aucune poursuite. Aussi, encouragés par l'exemple et l'impunité des petits voleurs, les grands s'en mêlèrent-ils bientôt. Amurath s'empara d'une partie de la Hongrie, Mathias Corvin prit la basse Autriche, et Frédéric se consola de ces envahissemens en répétant cette maxime : *L'oubli est le remède des choses que l'on a perdues.* Au moment où nous en sommes arrivés, il venait, après un règne de cinquante-trois ans, de fiancer son fils Maximilien à Marie de Bourgogne, et de mettre au ban de l'empire son gendre Albert de Bavière, qui prétendait à la propriété du Tyrol. Il était donc trop occupé de ses affaires de famille pour pouvoir s'inquiéter de l'Italie. D'ailleurs, il était en train de chercher une devise à la maison d'Autriche, occupation des plus importantes pour un homme du caractère de Frédéric III. Enfin, cette devise, que devait presque réaliser Charles-Quint, fut trouvée, à la grande joie du vieil empereur, qui, jugeant qu'il n'avait plus rien à faire sur la terre après cette dernière preuve de sagacité, mourut le 19 août 1493, laissant l'empire à son fils Maximilien.

Cette devise était tout bonnement les cinq voyelles A E I O U, initiales de ces cinq mots :

AUSTRIÆ EST IMPERARE ORBI UNIVERSO.

LES BORGIA.

Ce qui veut dire :

C'est le destin de l'Autriche de commander au monde entier.

Voilà pour l'Allemagne.

Maintenant que nous avons jeté les yeux sur les quatre nations qui tendaient, comme nous l'avons dit, à devenir des puissances européennes, ramenons nos regards sur les états secondaires qui formaient un cercle plus rapproché autour de Rome, et qui devaient, pour ainsi dire, servir d'armure à la reine spirituelle du monde, s'il plaisait à quelqu'un des géans politiques que nous avons décrits d'enjamber, pour venir l'attaquer, les mers ou les montagnes, le golfe Adriatique et les Alpes, la Méditerranée ou les Apennins.

C'étaient le royaume de Naples, le duché de Milan, la magnifique république de Florence, ou la sérénissime république de Venise.

Le royaume de Naples était aux mains du vieux Ferdinand, dont la naissance était non seulement illégitime, mais probablement même incestueuse. Son père, Alphonse d'Aragon, tenait sa couronne de Jeanne de Naples, qui l'avait adopté pour son successeur. Mais, comme, par crainte de manquer d'héritier, la reine à son lit de mort en avait nommé deux au lieu d'un, Alphonse eut à soutenir ses droits contre Réné. Les deux prétendans se disputèrent quelque temps la couronne. Enfin, la maison d'Aragon l'emporta sur celle d'Anjou, et pendant l'année 1442, Alphonse s'affermit définitivement sur le trône. Ce sont les droits du prétendant expulsé que nous verrons Charles VIII réclamer bientôt.

CRIMES CÉLEBRES.

Ferdinand n'avait ni la valeur ni le génie de son père, et cependant il triompha successivement de ses ennemis ; il eut deux compétiteurs, qui tous deux lui étaient fort supérieurs en mérite. L'un était le comte de Viane, son neveu, qui, arguant de la naissance honteuse de son oncle, disposait de tout le parti aragonais ; l'autre était le duc Jean de Calabre, qui disposait de tout le parti angevin. Cependant il les écarta tous les deux, et se maintint sur le trône, fort de sa prudence, qui allait souvent jusqu'à la duplicité. Il avait l'esprit cultivé, avait étudié les sciences, et surtout la législation. Il était d'une taille médiocre, avait la tête grande et belle, le front ouvert et admirablement encadré dans de beaux cheveux blancs qui lui tombaient jusque sur les épaules. Enfin, quoiqu'il eût rarement exercé sa force physique par les armes, cette force était si grande, qu'un jour qu'il se trouvait sur la place du marché Neuf, à Naples, il saisit par la corne un taureau qui s'était échappé, et l'arrêta court, quelques efforts que celui-ci tentât pour s'échapper de ses mains. Au reste, l'élection d'Alexandre lui avait causé une grande inquiétude, et, malgré sa prudence, il n'avait pu s'empêcher de dire devant celui qui lui avait apporté cette nouvelle que non seulement il ne se réjouissait pas de cette élection, mais encore qu'il ne pensait pas qu'aucun chrétien pût s'en réjouir, attendu que Borgia, ayant toujours été un méchant homme, serait certainement un mauvais pontife. Au reste, ajouta-t-il, ce choix fût-il excellent, et cette élection dût-elle plaire à tous les autres, elle n'en serait pas moins fatale à la maison

LES BORGIA.

d'Aragon, encore qu'il en soit né sujet, et qu'il lui doive la source et les progrès de sa fortune ; car là où entrent les raisons d'état, elles ont bientôt exilé les affections du sang et de la parenté, à plus forte raison, par conséquent, les simples relations de sujet et d'obligé.

Ainsi qu'on le voit, Ferdinand jugeait Alexandre VI avec sa perspicacité habituelle ; ce qui ne l'empêcha pas, ainsi que nous le verrons bientôt, d'être le premier qui contracta alliance avec lui.

Le duché de Milan appartenait nominativement à Jean Galéas, petit-fils de François Sforza, qui s'en était emparé par violence, le 26 février 1450, et l'avait légué à Galéas Marie, son fils, père du jeune prince régnant : nous disons nominativement, parce que le véritable maître du Milanais était à cette heure, non pas l'héritier légitime, qui était censé le posséder, mais son oncle Ludovic, surnommé *il Moro*, à cause du mûrier qu'il portait dans ses armes. Exilé avec ses deux autres frères, Philippe, qui mourut empoisonné en 1479, et Ascagne, qui devint cardinal, il rentra dans Milan quelques jours après l'assassinat de Galéas Marie, qui eut lieu le 26 décembre 1476 dans la basilique de Saint-Étienne, et s'empara de la régence du jeune duc, qui n'avait alors que huit ans. Depuis cette époque, et quoique son neveu eût atteint l'âge de vingt-deux ans, Ludovic avait continué de gouverner, et, selon toutes probabilités, devait gouverner long-temps encore ; car quelques jours après avoir manifesté le désir de reprendre le pouvoir, le pauvre jeune homme était tombé malade, et l'on disait tout haut qu'il avait pris un de ces

CRIMES CÉLÈBRES.

poisons lents, mais mortels, dont les princes de cette époque faisaient un usage si fréquent, que, lors même qu'une
maladie était naturelle, on lui cherchait toujours une cause
que l'on pût rattacher à quelque grand intérêt. Quoi
qu'il en soit, Ludovic avait relégué son neveu, trop
faible pour s'occuper désormais des affaires de son duché,
dans le château de Pavie, où il languissait sous les yeux
de sa femme Isabelle, fille du roi Ferdinand de Naples.

Quant à Ludovic, c'était un ambitieux, à la fois
plein de courage et d'astuce, familier avec l'épée et le
poison, qui, selon les occasions, sans avoir de prédilec-
tion ni de répugnance pour l'une ou pour l'autre, les
employait alternaltivement, et qui, au reste, était bien
décidé à hériter de son neveu, soit qu'il mourût, ou soit
qu'il ne mourût pas.

Florence, quoique ayant conservé le nom d'une république, en avait peu à peu perdu toutes les libertés, et
appartenait de fait, sinon de droit, à Pierre de Médicis,
à qui Laurent l'avait, ainsi que nous l'avons vu, au risque
du salut de son ame, léguée comme un bien paternel.
Malheureusement le fils était loin d'avoir le génie du
père : il était beau, il est vrai, tandis qu'au contraire,
Laurent était d'une laideur remarquable ; il avait une
voix agréable et harmonieuse, tandis que Laurent avait
toujours nazillé ; il était instruit dans les langues grecque
et latine, il avait la conversation agréable et facile, et
improvisait des vers presque aussi bien que celui qu'on
avait nommé le Magnifique ; mais il était, quoique ignorant aux affaires politiques, orgueilleux et insolent envers

LES BORGIA.

ceux qui en avaient fait une étude. Au reste, ardent aux plaisirs, passionné pour les femmes, incessamment occupé des exercices du corps qui pouvaient le faire briller à leurs yeux, et surtout de la paume, jeu auquel il était d'une grande force, et se promettant bien, aussitôt que son deuil serait passé, d'occuper non seulement Florence, mais encore l'Italie toute entière, par la splendeur de sa cour et par le bruit de ses fêtes. Ainsi du moins l'avait résolu Pierre de Médicis ; mais le ciel en décida autrement.

Quant à la sérénissime république de Venise, dont Augustin Barbarigo est le doge, elle est parvenue, à l'heure où nous sommes arrivés, à son plus haut degré de puissance et de splendeur. Depuis Cadix jusqu'aux Palus Méotides, elle n'a pas un port qui ne soit ouvert à ses mille vaisseaux ; elle possède en Italie, outre le littoral des lagunes, et l'ancien duché de Venise, les provinces de Bergame, de Brescia, de Crème, de Vérone, de Vicence et de Padoue ; elle a la Marche Trévisane, qui comprend le Feltrin, le Bellunois, le Cadorin, la Polésine de Rovigo, et la principauté de Ravenne ; elle a le Frioul, moins Aquilée; l'Istrie, moins Trieste ; elle a, sur la côte orientale du golfe, Zara, Spalatro, et le littoral de l'Albanie ; elle a dans la mer Ionienne les îles de Zante et de Corfou ; elle a en Grèce Lépante et Patras ; elle a dans la Morée Moron , Coron, Napoli di Romanie et Argos; enfin, dans l'archipel, outre plusieurs petites villes et des établissemens sur les côtes, elle a Candie et le royaume de Chypre.

Ainsi, depuis l'embouchure du Pô jusqu'à l'extrémité **orientale** de la Méditerranée, la sérénissime république est

CRIMES CELÈBRES.

maîtresse de tout le littoral, et l'Italie et la Grèce semblent le faubourg de Venise.

Dans les intervalles laissés libres entre Naples, Milan, Florence et Venise, de petits tyrans se sont établis, exerçant une souveraineté absolue sur leur territoire ; ainsi les Colonna sont à Ostie et à Nettuno, les Montefeltri à Urbin, les Manfredi à Faenza, les Bentivogli à Bologne, les Malatesta à Rimini, les Vitelli à Città di Castello, les Baglioni à Pérouse, les Orsini à Vicovaro, et les princes d'Est à Ferrare.

Enfin, au centre de ce cercle immense, composé de grandes puissances, d'états secondaires et de petits tyrans, s'élève Rome, placée en haut de la spirale ; la plus élevée, mais la plus faible de tous, sans influence, sans territoire, sans armée et sans argent.

Il s'agit pour le nouveau pontife de lui rendre tout cela ; voyons donc quel homme c'était qu'Alexandre VI, pour entreprendre et accomplir un pareil projet.

Roderic Lenzioli était né à Valence en Espagne en 1430 ou 1431, et descendait par sa mère d'une famille issue, à ce que prétendent plusieurs auteurs, de race royale, et qui, avant de jeter les yeux sur la tiare, avait eu des prétentions aux couronnes d'Aragon et de Valence ; dès son enfance il avait donné des marques d'une vivacité d'esprit merveilleuse, et en grandissant il avait montré un génie très-apte aux sciences, et surtout à celles du droit et de la jurisprudence . il en résulte qu'il acquit ses premières distinctions comme avocat, profession dans laquelle son habileté à discuter les affaires les plus épineuses

LES BORGIA.

lui fit bientôt une grande réputation. Cependant il ne tarda point à se lasser de cette carrière, qu'il abandonna tout-à-coup pour celle des armes, qu'avait suivie son père ; mais, après quelques actions qui prouvaient son sang-froid et son courage, il se dégoûta de celle-ci, ainsi que de l'autre ; et comme, au moment où ce dégoût commençait à le prendre, son père mourut, laissant une fortune considérable, il résolut de ne plus rien faire, et de vivre en se laissant aller à son caprice et à sa fantaisie. Vers cette époque, il devint l'amant d'une veuve qui avait deux filles. La veuve mourut ; Roderic prit les filles sous sa tutelle, mit l'une d'elles dans un couvent, et comme l'autre était une des plus belles femmes qui se pût voir, il la garda pour sa maîtresse. C'était la fameuse Rosa Vanozza, dont il eut cinq enfans : François, César, Lucrèce et Guiffry ; on ignore le nom du cinquième.

Roderic, retiré des affaires publiques, était tout entier à ses amours et à sa paternité, lorsqu'il apprit que son oncle, qui l'affectionnait comme s'il eût été son fils, avait été élu pape sous le nom de Calixte III. Mais le jeune homme était si amoureux à cette heure, que l'amour faisait taire en lui l'ambition, et qu'il fut presque effrayé de l'exaltation de son oncle, exaltation qui allait sans doute le forcer de rentrer dans les affaires publiques. En conséquence, au lieu d'accourir à Rome, comme tout autre eût fait à sa place, il se contenta d'écrire à sa sainteté une lettre dans laquelle il lui demandait la continuation de ses bontés, et lui souhaitait un long et heureux pontificat.

CRIMES CÉLÈBRES.

Cette retenue d'un de ses parens, au milieu des ambitions que le nouveau pontife trouvait à chaque pas sur son chemin, frappa singulièrement Calixte III : il savait la valeur du jeune Roderic, et au moment où les médiocrités l'assiégeaient de tous côtés, cette capacité qui se tenait modestement à l'écart grandit encore à ses yeux : aussi répondit-il à l'instant même à Roderic qu'au reçu de sa lettre il eût à quitter l'Espagne pour l'Italie et Valence pour Rome.

Cette lettre déplaçait Roderic du centre de bien-être qu'il s'était fait, et dans lequel il se fût peut-être endormi, comme un homme ordinaire, si la fortune n'était pas ainsi venue l'en tirer par la main. Roderic était heureux, Roderic était riche ; les mauvaises passions qui lui étaient naturelles s'étaient sinon éteintes, du moins assoupies ; il s'effraya lui-même à l'idée de changer la vie douce qu'il menait contre la vie ambitieuse et agitée qui lui était promise ; et, au lieu d'obéir à son oncle, il retarda les préparatifs de son départ, espérant que Caliste l'oublierait. Il n'en fut pas ainsi : deux mois après la lettre pontificale, un prélat romain, porteur de la nomination de Roderic à un bénéfice valant vingt mille ducats par an, et d'un ordre positif au titulaire de venir prendre au plus tôt possession de sa charge, arriva à Valence.

Il n'y avait plus à reculer ; aussi Roderic obéit-il : mais, comme il ne voulait pas se séparer de la source où il avait puisé son bonheur depuis huit ans, Rosa Vanozza partit de son côté, et tandis qu'il se rendait à Rome elle se rendit à Venise, accompagnée de deux domestiques de

LES BORGIA.

confiance, et sous la garde d'un gentilhomme espagnol, nommé Manuel Melchiori.

La fortune tint vis-à-vis de Roderic les promesses qu'elle lui avait faites : le pape le reçut comme un fils, et le fit tour à tour archevêque de Valence, cardinal diacre et vice-chancelier. A toutes ces faveurs Calixte ajouta un revenu de quarante mille ducats ; de sorte qu'à l'âge de trente-cinq ans à peine Roderic se trouva riche et puissant à l'égal d'un prince.

Roderic avait eu quelque peine à accepter le cardinalat, qui l'enchaînait à Rome, et eût préféré être général de l'église, position qui lui eût donné plus grande liberté de voir sa maîtresse et sa famille ; mais son oncle Calixte lui fit entrevoir la possibilité de lui succéder un jour, et, de ce moment, l'idée d'être le chef suprême des rois et des peuples s'empara tellement de Roderic, qu'il n'eut plus devant les yeux que le but que son oncle lui avait fait entrevoir.

Alors, à compter de ce jour, naquit chez le jeune cardinal cette puissance d'hypocrisie qui fit de lui la plus parfaite incarnation du démon qui ait peut-être jamais existé sur la terre ; et Roderic ne fut plus le même homme : les paroles d'humilité et de repentir à la bouche, le front baissé comme s'il eût porté le poids de ses fautes passées, dédaigneux des richesses qu'il avait acquises, et qui, étant, disait-il, le bien des pauvres, devaient retourner aux pauvres, il passait sa vie dans les églises, dans les monastères ou dans les hôpitaux, acquérant, dit son historien, aux yeux mêmes de ses ennemis, la réputation

CRIMES CÉLÈBRES.

d'un Salomon pour la sagesse, d'un Job pour la patience, et d'un Moïse pour la publication de la parole de Dieu : seule au monde, Rosa Vanozza pouvait estimer ce que valait la conversion du pieux cardinal.

Bien en prit à Roderic de s'être posé aussi saintement; car son protecteur mourut après un règne de trois ans trois mois et dix-neuf jours, et il ne fut plus soutenu que par son propre mérite contre les ennemis nombreux que lui avait faits sa rapide fortune : aussi pendant tout le règne de Pie II demeura-t-il constamment éloigné des affaires, et ne le vit-on reparaître que sous Sixte IV, qui lui fit don de l'abbaye de Subiaco, et l'envoya en qualité de légat près des rois d'Aragon et de Portugal. A son retour, qui eut lieu sous le pontificat d'Innocent VIII, il se décida à faire enfin venir sa famille à Rome : elle y fut conduite par don Melchiori, qui, dès ce moment, passa pour le mari de Vanozza, et prit le nom du comte Ferdinand de Castille. Le cardinal Roderic reçut le noble Espagnol comme un compatriote et un ami : celui-ci, qui comptait mener une vie fort retirée, loua une maison dans la rue della Lungara, proche de l'église de Regina Cœli et sur les bords du Tibre. C'est là qu'après avoir passé la journée en prières et en œuvres pieuses, le cardinal Roderic allait chaque soir déposer son masque. Alors, disait-on, quoique personne n'en pût donner la preuve, il se passait dans cette maison des choses infâmes : on parlait d'inceste entre le père et la fille et entre les deux frères et la sœur; de sorte que, pour faire cesser ces bruits qui commençaient à se répandre,

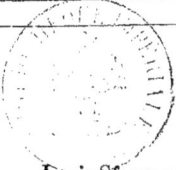

LES BORGIA.

Louis Sforza avait déjà la promesse de Ferdinand de se conformer, pour sa part, au plan qu'il avait imaginé, lorsque le vieux roi, sollicité par Médicis, retira tout-à-coup sa parole. Sforza s'informa d'où venait ce changement, et apprit que l'influence qui avait vaincu la sienne était celle de Pierre. Ne pouvant se rendre compte des motifs réels qui avaient dicté cette opposition, il y vit une ligue secrète contre lui, et attribua à la mort de Laurent de Médicis ce changement de politique. Au reste, cette cause, quelle qu'elle fût, lui était visiblement préjudiciable : Florence, vieille alliée de Milan, l'abandonnait pour Naples. Il résolut de jeter un contre-poids dans la balance ; et, dévoilant à Alexandre la politique de Pierre et de Ferdinand, il lui proposa une alliance offensive et défensive, à laquelle ils adjoindraient la république de Venise ; le duc Hercule III de Ferrare serait en même temps sommé de se prononcer pour l'une ou l'autre des deux alliances. Alexandre VI, blessé de la conduite de Ferdinand à son égard, accepta la proposition de Louis Sforza, et l'acte de confédération par lequel les nouveaux alliés s'engageaient à mettre sur pied, pour le maintien de la paix publique, une armée de vingt mille chevaux et de dix mille fantassins, fut signé le 22 avril 1493.

Ferdinand vit avec crainte se former cette ligue ; mais il crut avoir le moyen d'en neutraliser les effets en dépouillant Louis Sforza de sa puissance, qui, sans être usurpée encore, se prolongeait déjà bien au-delà du terme qu'elle aurait dû avoir, puisque, quoique le jeune Galéas, son petit-fils, eût atteint l'âge de vingt-deux ans, Louis

III.   19

CRIMES CÉLÈBRES.

Sforza n'en continuait pas moins de tenir la régence. En conséquence, il invita positivement le duc de Milan à résigner le pouvoir souverain entre les mains de son neveu, sous peine d'être déclaré usurpateur.

Le coup était terrible : mais il avait le danger de porter Louis Sforza à quelques-unes de ces combinaisons politiques qui lui étaient familières, et devant lesquelles il ne reculait jamais, quelque dangereuses qu'elles fussent. Ce fut ce qui arriva effectivement; Sforza, inquiété dans la possession de son duché, résolut de menacer Ferdinand dans celle de son royaume.

Rien n'était plus facile : il connaissait les dispositions belliqueuses de Charles VIII, il savait les prétentions de la maison de France sur le royaume de Naples. Il envoya deux ambassadeurs pour inviter le jeune roi à réclamer les droits de la maison d'Anjou usurpés par celle d'Aragon ; et, pour mieux l'engager dans cette entreprise lointaine et hasardeuse, il lui offrit un passage facile et amical par ses propres états.

Avec le caractère connu de Charles VIII, une pareille proposition ne pouvait manquer d'être acceptée : en effet, un horizon magnifique s'ouvrait devant lui comme par enchantement; ce que lui offrait Louis Sforza, c'était la domination de la Méditerranée, c'était le protectorat de l'Italie toute entière; c'était enfin, par Naples et par Venise, un chemin ouvert qui pouvait conduire à la conquête de la Turquie ou de la Terre-Sainte, selon qu'il lui plairait de venger les désastres de Nicopolis ou de Mansourah. La proposition fut donc accueillie, et par l'intermé-

LES BORGIA.

diaire du comte Charles de Belgiojoso et du comte de
Cajazzo pour Louis Sforza, et de l'évêque de Saint-Malo
et du sénéchal de Beaucaire pour Charles VIII, une alliance secrète fut signée, par laquelle il fut convenu :

Que le roi de France tenterait la conquête du royaume
de Naples;

Que le duc de Milan ouvrirait au roi de France le
passage par ses états, et l'accompagnerait avec cinq cents
lances;

Que le duc de Milan permettrait au roi de France
d'armer à Gènes autant de vaisseaux qu'il voudrait ;

Qu'enfin le duc de Milan prêterait au roi de France
deux cent mille ducats, payables au moment de son départ.

De son côté, Charles VIII s'engagea :

A défendre l'autorité personnelle de Louis Sforza sur
le duché de Milan contre quiconque tenterait de l'en dé-
pouiller ;

A laisser dans Asti, ville appartenant au duc d'Orléans par l'héritage de Valentine Visconti sa grand'mère,
deux cents lances françaises, toujours prêtes à secourir
la maison Sforza;

Enfin, à abandonner à son allié la principauté de Tarente aussitôt après la conquête du royaume de Naples.

Ce traité à peine conclu, Charles VIII, qui s'en exa-
gérait encore les avantages, songea à se faire aussitôt
libre de tous les empêchemens qui eussent pu retarder
ou entraver son expédition. Cette précaution était nécessaire ; car ses relations avec les grandes puissances étaient
loin d'être telles qu'il aurait pu les désirer.

CRIMES CÉLÈBRES.

En effet, Henri VII était débarqué à Calais avec une armée formidable, et menaçait la France d'une nouvelle invasion.

Ferdinand et Isabelle, rois des Espagnes, avaient sinon contribué à la chute de la maison d'Anjou, du moins avaient soutenu la branche d'Aragon de leur argent et de leurs soldats.

Enfin, la guerre avec le roi des Romains avait pris une nouvelle force du renvoi que Charles VIII avait fait de Marguerite de Bourgogne à Maximilien, son père, et du mariage qu'il avait contracté avec Anne de Bretagne.

Par le traité d'Étaples, en date du 3 novembre 1492, Henri VII se détacha de l'alliance du roi des Romains, et s'engagea à ne point poursuivre ses conquêtes.

Il en coûta à Charles VIII sept cent quarante-cinq mille écus d'or et le remboursement des frais de la guerre de Bretagne.

Par le traité de Barcelone, en date du 19 janvier 1493, Ferdinand le Catholique et Isabelle s'engagèrent à ne point porter secours à leur cousin Ferdinand de Naples, et à ne point mettre obstacle aux projets de la cour de France en Italie.

Il en coûta à Charles VIII Perpignan, le comté de Roussillon et la Cerdagne, que Jean d'Aragon avait donnés en gage à Louis XI pour la somme de trois cent mille ducats, et que Louis XI n'avait pas voulu lui rendre à l'époque fixée, contre la restitution de cette somme, tant le vieux renard royal sentait l'importance de ces **portes**

LES BORGIA.

ouvertes sur les Pyrénées, qu'en cas de guerre il pouvait fermer en dedans.

Enfin, par le traité de Senlis, en date du 23 mai 1493, Maximilien daigna pardonner à la France l'affront qu'il venait de recevoir de son roi.

Il en coûta à Charles VIII les comtés de Bourgogne, d'Artois, de Charolais et la seigneurie de Noyers, qu'il avait déja reçus en dot de Marguerite, plus les villes d'Aire, d'Hesdin et de Béthune, qu'il s'engagea à rendre à Philippe d'Autriche le jour même de sa majorité.

Moyennant ces sacrifices, le jeune roi se trouva en paix avec tous ses voisins, et put entreprendre le projet qui lui avait été proposé par Louis Sforza, auquel il avait été suggéré, comme nous l'avons dit, par le refus d'accéder à son plan de députation, refus inspiré par le désir qu'avait Pierre de Médicis de montrer ses magnifiques pierreries, et Gentile de prononcer son discours.

Ainsi la vanité d'un professeur et l'orgueil d'un écolier allaient remuer le monde depuis le golfe de Tarente jus-qu'aux monts Pyrénéens.

Alexandre VI, placé au centre de ce vaste tremblement de terre, dont l'Italie n'avait point encore ressenti les pre-mières secousses, avait profité de la préoccupation in-stinctive des esprits pour donner un premier démenti au fameux discours que nous avons rapporté, en créant car-dinal Jean Borgia, son neveu, qui, sous le pontificat pré-cédent, avait été nommé archevêque de Montréal et gouverneur de Rome. Cette promotion accomplie sans murmure, attendu les antécédens de celui qui en était

CRIMES CÉLÈBRES.

l'objet, fut une espèce d'essai que tenta Alexandre VI,
et qui, par sa réussite, l'engagea bientôt à donner à César Borgia l'archevêché de Valence, bénéfice dont lui-
même avait joui avant son élévation au pontificat. Mais
ici la difficulté vint de la part de celui qui recevait le don.
Le bouillant jeune homme, qui avait tous les instincts et
tous les vices d'un capitaine de condottieri, avait grand'-
peine à s'imposer l'apparence même des vertus d'un homme
d'église ; mais comme il savait, de la bouche de son père
même, que les hautes dignités séculières étaient réservées
à son frère aîné, il se décida à accepter ce qu'on lui donnait, de peur de ne point obtenir autre chose : seulement
sa haine pour François s'en augmenta ; car, dès lors, il était
deux fois son rival, rival en amour et rival en ambition.

Tout-à-coup Alexandre VI vit, au moment où il s'y attendait le moins, revenir à lui le vieux roi Ferdinand.
Le pape était trop habile politique pour accueillir ce retour
avant d'en connaître les causes : bientôt il apprit ce qui
se tramait à la cour de France contre le royaume de
Naples, et tout lui fut expliqué.

Ce fut alors à son tour d'imposer des conditions.

Il demanda l'accomplissement du mariage de Guiffry,
son troisième fils, avec dona Sancia, fille naturelle d'Alphonse.

Il demanda qu'elle apportât en dot à son époux la principauté de Squillace et le comté de Cariati, avec dix mille
ducats de rente et la charge de protonotaire, qui était un
des sept grands offices de la couronne, indépendans de
l'autorité royale.

LES BORGIA.

Il demanda pour son fils aîné, que Ferdinand le Catholique venait déjà de nommer duc de Gandie, la principauté de Tricarico, les comtés de Chiaramonte, Lauria et Carinola, avec douze mille ducats de rente et le premier des sept grands offices qui viendrait à vaquer.

Il demanda que Virginio Orsini, qui était son ambassadeur près de la cour de Naples, obtînt le troisième de ces grands offices, qui était celui de connétable, c'est-à-dire le plus éminent de tous.

Enfin, il demanda que Julien de la Rovère, un des cinq cardinaux qui avaient protesté contre son élection, et qui s'était fortifié à Ostie, où le chêne qui lui avait donné son nom, et qui forme ses armoiries, est encore sculpté sur tous les murs, fût chassé de la ville, et que la ville lui fût remise.

Tout ce que demandait Alexandre VI lui fut accordé.

En échange, Alexandre VI s'engagea seulement à ne point retirer à la maison d'Aragon l'investiture du royaume de Naples, qui lui avait été accordée par ses prédécesseurs. C'était payer un peu cher une simple promesse; mais de cette promesse, si elle était tenue, dépendait la légitimité du pouvoir de Ferdinand ; car le royaume de Naples était un fief du saint-siége; au pape seul appartenait le droit de prononcer sur la justice des prétentions de chaque compétiteur ; la continuation de cette investiture était donc on ne peut plus importante à la maison d'Aragon au moment où la maison d'Anjou se levait à main armée pour la déposséder.

Ainsi, depuis un an à peine qu'il était monté sur le

trône pontifical, Alexandre VI, comme on le voit, avait
largement marché dans l'élargissement de sa puissance temporelle. Il possédait, il est vrai, personnellement le moins
vaste des territoires italiens ; mais déjà, par l'alliance
de sa fille Lucrèce avec le seigneur de Pesaro, il étendait une main jusqu'à Venise, tandis que, par le mariage
du prince de Squillace avec dona Sancia, et les concessions
territoriales faites au duc de Gandie, il touchait de l'autre
à l'extrémité de la Calabre.

Ce traité, si avantageux pour lui une fois signé, comme
César se plaignait d'être toujours oublié dans la distribu-
tion des faveurs paternelles, il fit César cardinal de Santa-
Maria-Novella.

Seulement, comme il n'y avait point encore d'exemple
dans l'église qu'un bâtard eût revêtu la pourpre, le pape
trouva quatre faux témoins, qui déclarèrent que César
était fils du comte Ferdinand de Castille : c'était, comme
on le voit, un homme précieux que don Manuel Melchiori, et qui joua le rôle de père avec autant de gravité
qu'il avait joué celui d'époux.

Quant à la noce des deux bâtards, elle se fit splendidement, et riche des doubles pompes de la royauté et de
l'église, puis, comme le pape avait obtenu que les deux
nouveaux époux habiteraient auprès de lui, le nouveau
cardinal César Borgia se chargea de régler la pompe de
leur rentrée et de leur réception à Rome, à laquelle Lucrèce, qui jouissait près de son père d'une faveur inouïe
à la cour des papes, voulait de son côté donner tout l'é-
clat qu'il était en son pouvoir d'y ajouter. L'un alla donc

LES BORGIA.

recevoir les jeunes gens avec une riche et magnifique escorte de seigneurs et de cardinaux, tandis que l'autre les attendait avec les plus belles et les plus nobles dames de Rome, dans une salle du Vatican. Là un trône était préparé pour le pape, et à ses pieds étaient des coussins pour Lucrèce et dona Sancia ; de sorte, dit Tommaso Tommasi, que, par l'aspect de l'assemblée et par la conversation qui s'y tint pendant quelques heures, on eût cru plutôt, assister à l'audience magnifique et voluptueuse de quelque roi de la vieille Assirie qu'au sévère consistoire d'un pontife romain, qui doit dans toutes les actions qu'il exécute faire resplendir la sainteté du nom qu'il porte. — Mais, ajoute le même historien, — si la vigile de la Pentecôte se passa dans ces dignes fonctions, les cérémonies avec lesquelles le jour suivant on célébra la fête de la venue du Saint-Esprit ne furent pas moins décentes et moins selon l'esprit de l'église ; car voici ce qu'en dit le maître des cérémonies dans son journal quotidien :

« Le pape vint dans la basilique des Saints-Apôtres, et près de lui s'assirent sur le pupitre de marbre où les chanoines de saint Pierre ont l'habitude de chanter l'épitre et l'Évangile, Lucrèce, sa fille, et Sancia, sa bru, et autour d'elles, à la grande honte de l'église et au grand scandale du peuple, beaucoup d'autres dames romaines beaucoup plus dignes d'habiter la cité de Messaline que la ville de saint Pierre. »

Ainsi, à Rome et à Naples, ou s'endormait dans l'attente d'une ruine prochaine ; ainsi on perdait le temps

et on dépensait l'or en vaine fumée d'orgueil; et cela, tandis que les Français, bien éveillés, secouaient déjà les
torches avec lesquelles ils devaient incendier l'Italie.

En effet, les intentions conquérantes de Charles VIII
n'étaient plus un objet de doute pour personne. Le jeune
roi avait envoyé aux différens états de l'Italie une ambassade composée de Perron de Baschi, de Briçonnet, de
d'Aubigny et du président du parlement de Provence.
Cette ambassade avait pour mission de demander aux
princes italiens leur coopération pour faire recouvrer à
la maison d'Anjou ses droits sur la couronne de Naples.

L'ambassade s'adressa d'abord aux Vénitiens, à qui elle
demandait aide et conseil pour le roi son maître. Mais les
Vénitiens, fidèles à leur système politique, qui les avait
fait surnommer les juifs de la chrétienté, répondirent
qu'ils ne pouvaient promettre leur aide au jeune roi, attendu qu'ils avaient à se tenir sans cesse en garde contre
les Turcs ; que, quant au conseil, ce serait une présomp-
tion trop grande à eux, que de donner un avis à un
prince entouré de généraux si expérimentés et de ministres si sages.

Perron de Baschi, n'ayant pu obtenir d'autre réponse,
se tourna vers Florence. Pierre de Médicis l'attendait en
grand conseil ; car il avait rassemblé pour cette solennité
non seulement les soixante-dix, mais encore tous les gon-
falonniers qui avaient siégé dans la seigneurie pendant les trente-quatre dernières années. L'ambassadeur
français exposa sa demande : c'était que la république
permît à l'armée française le passage par ses états, et

LES BORGIA.

s'engageât, contre argent comptant, à lui fournir les vivres et les fourrages nécessaires. La magnifique république répondit que, si Charles VIII marchait contre les Turcs au lieu de marcher contre Ferdinand, elle s'empresserait de lui accorder tout ce qu'il désirerait ; mais qu'étant attachée à la maison d'Aragon par un traité d'alliance, elle ne pouvait la trahir en accordant au roi de France ce qu'il demandait.

Les ambassadeurs se dirigèrent alors vers Sienne. La pauvre petite république, effrayée de l'honneur qu'on lui faisait de penser à elle, répondit que son désir était de conserver une exacte neutralité, et qu'elle était trop faible pour se déclarer d'avance pour ou contre de pareils rivaux, forcée qu'elle serait naturellement de se rattacher au parti du plus fort. Munis de cette réponse, qui avait au moins le mérite de la franchise, les envoyés français s'acheminèrent vers Rome, et, introduits devant le pape, lui demandèrent pour leur roi l'investiture du royaume de Naples.

Alexandre VI répondit que, ses prédécesseurs ayant donné cette investiture aux princes de la maison d'Aragon, il ne pouvait la leur retirer, lui, sans un jugement qui prouvât que la maison d'Anjou y avait plus de droit que celle qu'on lui demandait de déposséder. Ensuite il rappela à Perron de Baschi que, Naples étant un fief du saint-siége, au pape seul appartenait le choix de son souverain ; que, par conséquent, attaquer celui qui régnait à cette heure, c'était attaquer l'église elle-même.

Le résultat de l'ambassade ne promettait pas, comme

CRIMES CÉLÈBRES.

on le voit, grande aide à Charles VIII ; aussi résolut-il
de ne compter que sur son allié Louis Sforza, et de remettre toutes les autres questions à la fortune de ses
armes.

Une nouvelle qui lui arriva vers ce même temps le
fortifia encore dans cette résolution : il apprit la mort de
Ferdinand. Le vieux roi, en revenant de la chasse, avait
été atteint d'une toux catarrhale, qui l'avait mis en deux
jours à toute extrémité. Enfin, le 25 janvier 1494, il
était trépassé, à l'âge de soixante-dix ans, après un règne
de trente-six, laissant le trône à Alphonse, son fils aîné,
qui avait immédiatement été nommé son successeur.

Ferdinand n'avait point menti à son titre d'heureux.
Il venait de quitter le monde au moment où la fortune
allait changer pour sa famille.

Le nouveau roi, Alphonse, n'en n'était point à ses
premières armes : il avait combattu déjà avec avantage
les Florentins et les Vénitiens, et avait chassé les Turcs
d'Otrante ; il passait, en outre, pour un homme aussi sub-
til que son père dans la politique tortueuse en si grand
usage alors parmi les cours de l'Italie ; de sorte qu'il ne
désespéra pas de joindre à ses alliés l'ennemi même
avec lequel il était en guerre au moment où les premières prétentions de Charles VIII étaient parvenues jusqu'à lui, nous voulons parler de Bajazet II.

En conséquence, il envoya vers ce prince Camillo
Pandone, un de ses ministres de confiance, pour faire
comprendre à l'empereur des Turcs que l'expédition de
l'Italie n'était pour le roi de France qu'un prétexte de

s'approcher des conquêtes mahométanes, et qu'une fois
sur l'Adriatique, Charles VIII n'aurait qu'un jour ou deux
de traversée à faire pour atteindre la Macédoine, d'où
par terre il pouvait marcher sur Constantinople. En
conséquence, il demandait à Bajazet, pour soutenir leurs
intérêts communs, six mille chevaux et autant de fantassins, dont il s'engageait à payer la solde tant qu'ils res-
teraient en Italie. Pandone devait être rejoint à Tarente
par George Bucciarda, envoyé d'Alexandre VI, chargé de
son côté au nom du pape d'appeler les Turcs à son aide
contre les chrétiens. Cependant, en attendant la réponse
de Bajazet, qui pouvait tarder plusieurs mois, Alphonse
demanda une réunion entre Pierre de Médicis, le pape
et lui, pour aviser aux choses d'urgence. Ce rendez-
vous fut fixé à Vicovaro, près de Tivoli, et les trois parties intéressées se trouvèrent réunies au jour convenu.

Alphonse, qui en partant de Naples avait déjà réglé
l'emploi de ses forces de mer et donné à Frédéric, son
frère, le commandement d'une flotte de trente-cinq galères, de dix-huit grands vaisseaux et de douze petits bâtimens, avec lesquelles il devait aller attendre et surveiller
à Livourne la flotte que Charles VIII armait dans le port
de Gênes, venait surtout pour arrêter avec ses alliés la
marche des opérations des armées de terre. Il avait à sa
disposition immédiate, et sans compter le contingent que
devaient lui fournir ses alliés, cent escadrons de grosse cavalerie, à vingt hommes par escadron, et trois mille arbalétriers et chevau-légers. Il proposait, en conséquence,
de s'avancer immédiatement en Lombardie, d'opérer une

CRIMES CÉLÈBRES.

révolution en faveur de son neveu Galéas, de chasser Louis Sforza de Milan avant qu'il pût recevoir de secours de France ; de sorte que Charles VIII, au moment de passer les Alpes, trouverait un ennemi qu'il lui faudrait combattre, au lieu d'un allié qui lui avait promis passage, hommes et argent.

C'était à la fois une proposition de grand politique et de hardi capitaine ; mais, comme chacun était rassemblé pour ses propres intérêts, et non pour le bien commun, ce conseil fut reçu froidement par Pierre de Médicis, qui ne se trouvait plus jouer dans la guerre que le même rôle qu'il avait été menacé de jouer dans l'ambassade, et repoussé par Alexandre VI, qui comptait employer les troupes d'Alphonse pour son propre compte. En effet, il rappela au roi de Naples qu'une des conditions de l'investiture qu'il lui avait promise était de chasser le cardinal Julien de la Rovère de la ville d'Ostie, et de lui remettre cette ville, ainsi que la chose était convenue. En outre, les faveurs qu'avait values à Virginio Orsini son ambassade de Naples avaient soulevé contre ce favori d'Alexandre VI Prosper et Fabrice Colonna, à qui appartenaient presque tous les villages des environs de Rome. Or le pape ne pouvait vivre ainsi au milieu d'ennemis aussi puissans : la chose la plus importante était donc de le délivrer des uns et des autres, attendu qu'il était important que celui-là surtout fût tranquille qui était l'ame et la tête d'une ligue dont les autres n'étaient que le corps et les membres.

Quoique Alphonse eût parfaitement démêlé les motifs

de la froideur de Pierre de Médicis, et qu'Alexandre VI
ne lui eût pas même donné la peine de chercher les siens ,
il n'en fut pas moins obligé d'accéder à la volonté de
ses alliés, en laissant l'un défendre les Apennins contre
les Français, et en aidant l'autre à se débarrasser de ses
voisins romagnols. En conséquence, il pressa le siége
d'Ostie, et donna à Virginio, qui commaudait déjà à
deux cents hommes d'armes du pape, une partie de ses
chevau-légers : cette petite armée devait stationner autour de Rome et maintenir les Colonna dans l'obéissance.
Quant au reste de ses troupes, il les divisa en deux parties :
l'une, qu'il remit aux mains de Ferdinand son fils , et
avec laquelle il devait parcourir la Romagne, afin de presser les petits princes de lever et de fournir le contingent
qu'ils avaient promis, tandis que lui, avec le reste, défen-
drait les défilés des Abruzzes.

Le 23 avril, à trois heures du matin, Alexandre VI fut
débarrassé du premier et du plus ardent de ses ennemis :
Julien de la Rovère, voyant l'impossibilité de tenir plus
long-temps contre les troupes d'Alphonse, passa à bord
d'un brigantin qui devait le conduire à Savone.

Quant à Virginio Orsini , il commença, à compter de
ce jour, cette fameuse guerre de partisans qui fit de la
campagne de Rome le plus poétique désert qui existe
dans le monde entier.

Pendant ce temps, Charles VIII était à Lyon, non
seulement incertain sur la route qu'il devait prendre pour
pénétrer en Italie , mais commençant même à réfléchir
sur les chances hasardeuses d'une pareille expédition.

CRIMES CÉLÈBRES.

Excepté chez Louis Sforza, il n'avait trouvé de sympathie nulle part : de sorte qu'il lui paraissait probable qu'il allait avoir à combattre non seulement le royaume de Naples, mais encore l'Italie toute entière. Il avait dépensé pour ses préparatifs de guerre presque tout l'argent dont il pouvait disposer; la dame de Beaujeu et le duc de Bourbon blâmaient hautement son entreprise, Briçonnet, qui l'avait conseillée, n'osait plus la soutenir; enfin, plus irrésolu que jamais, Charles VIII avait déjà donné contre-ordre à plusieurs corps de troupes qui s'étaient mis en mouvement, lorsque le cardinal Julien de la Rovère, chassé d'Italie par le pape, arriva à Lyon et se présenta devant le roi.

Le cardinal accourait, plein de haine et d'espoir, lorsqu'il trouva Charles VIII près d'abandonner le projet sur lequel l'ennemi d'Alexandre VI appuyait tout son espoir de vengeance. Il raconta à Charles VIII les divisions de ses ennemis; il les lui montra, suivant chacun son intérêt particulier, Pierre de Médicis celui de son orgueil, et le pape celui de l'agrandissement de sa maison. Il lui exposa qu'il avait des flottes tout armées dans les ports de Villefranche, de Marseille, de Gênes, dont les armemens seraient perdus : il lui rappela qu'il avait envoyé d'avance Pierre d'Urfé, son grand écuyer, pour faire préparer des logemens splendides dans les palais des Spinola et des Doria. Enfin, il lui montra le ridicule et la honte qui retomberaient de tous côtés sur lui s'il renonçait à une entreprise proclamée si haut, et pour l'exécution de laquelle il avait été obligé de con-

LES BORGIA.

clure trois paix aussi onéreuses que celles qu'il avait signées avec Henri VII, avec Maximilien, et avec Ferdinand le Catholique : Julien de la Rovère avait visé juste
en touchant dans l'orgueil du jeune roi; aussi, Charles VIII n'hésita-t-il plus un seul instant. Il ordonna à
son cousin, le duc d'Orléans, qui fut depuis Louis XII, de
prendre le commandement de la flotte française et de
se rendre avec elle à Gènes; il dépêcha un courrier à
Antoine de Bessay, baron de Tricastel, pour qu'il con-
duisît à Asti les deux mille hommes d'infanterie suisse
qu'il avait levés dans les cantons; enfin il partit lui-même
de Vienne, en Dauphiné le 23 août 1494, traversa les
Alpes au mont Genève, sans qu'un seul corps de troupes
essayât de lui en disputer le passage, et descendit dans le
Piémont et le Montferrat, qui étaient en ce moment
gouvernés par deux régentes, les princes Charles-Jean
Aimé, et Guillaume-Jean, souverains de ces deux principautés, ayant, l'un six ans, et l'autre huit.

Les deux régentes vinrent au-devant de Charles VIII,
l'une à Turin, l'autre à Casal, toutes deux à la tête
d'une cour brillante et nombreuse, toutes deux couvertes
de joyaux et de pierreries. Charles VIII qui savait que,
malgré ces démonstrations amicales, toutes deux avaient
fait un traité avec son ennemi, Alphonse de Naples, les
traita toutes deux avec la plus grande courtoisie, et
comme elles lui protestaient de son amitié, il les pria de
lui en donner une preuve; c'était de lui prêter les diamans dont elles étaient couvertes. Les deux régentes ne
purent faire autrement que d'obéir à cette invitation qui

III.   21

CRIMES CÉLÈBRES.

équivalait à un ordre. Elles détachèrent colliers, bagues
et boucles d'oreilles. Charles VIII leur en donna un reçu
détaillé, et les mit en gages pour 24,000 ducats :
puis, muni de cet argent, il se remit en route et se
dirigea vers Asti, dont le duc d'Orléans avait conservé,
comme nous l'avons dit, la souveraineté et où vinrent
le rejoindre Louis Sforza, et son beau-père le prince
Hercule d'Est, duc de Ferrare. Ils amenaient avec eux non
seulement les troupes et l'argent promis, mais encore
une cour composée des plus belles femmes de l'Italie.

Les bals, les fêtes et les tournois commencèrent avec
une magnificence qui surpassait tout ce qu'on avait vu
jusqu'alors en Italie. Mais tout-à-coup ils furent inter-
rompus par une maladie du roi. C'était la première ma-
nifestation en Italie de la contagion rapportée par Christophe Colomb du Nouveau-Monde, et que les Italiens
appelèrent le mal français, et les Français, le mal italien.
Ce qu'il y a de probable, c'est qu'une partie de l'équipage de Christophe Colomb, qui était de Gênes ou des
environs, avait déjà rapporté d'Amérique cette étrange
et cruelle compensation de ses mines d'or.

Cependant, l'indisposition du roi n'arriva point au
degré de gravité qu'on aurait pu craindre d'abord. Guéri
au bout de quelques semaines, il s'achemina vers Pavie,
où s'en allait mourant le jeune duc Jean Galéas. Le roi
de France et lui étaient cousins germains, fils de deux
sœurs de la maison de Savoie : Charles VIII ne pouvait
donc se dispenser de le voir ; il alla en conséquence le visiter au château qu'il habitait plutôt comme prisonnier

LES BORGIA.

que comme seigneur. Il le trouva à demi-couché sur un
lit de repos, pâle et exténué par l'abus des voluptés, disaient les uns, par un poison lent et mortel disaient les
autres. Mais quelque envie que le pauvre jeune homme
eût de se plaindre à lui, il n'osa rien dire ; car son oncle
Louis Sforza ne quitta pas un instant le roi de France. Cependant, au moment où Charles VIII se levait pour sortir,
une porte s'ouvrit, et une jeune femme parut, qui vint
se jeter aux pieds du roi : c'était la femme du malheureux Jean Galéas, qui accourait supplier son cousin de
ne rien faire contre son père Alphonse, ni contre son frère
Ferdinand : à cette vue, le front de Sforza se rida, sou-
cieux et menaçant, car il ignorait encore quelle serait
l'impression que produirait cette scène sur son allié ;
mais il se rassura bientôt : Charles répondit qu'il était
maintenant trop avancé pour reculer, qu'il y allait de la
gloire de son nom ainsi que de l'intérêt de son royaume,
et que c'étaient deux motifs trop importans pour être
sacrifiés au sentiment de pitié qu'il éprouvait, si profond et si réel qu'il fût. La pauvre jeune femme, dont
cette démarche était le dernier espoir, se releva alors et
alla se jeter toute sanglotante dans les bras de son
mari ; Charles VIII et Louis Sforza sortirent : Jean Galéas était condamné.

Le surlendemain, Charles VIII partit pour Florence,
accompagné de son allié ; mais à peine furent-ils à Parme,
qu'un messager les rejoignit, annonçant à Louis Sforza
que son neveu venait de mourir : Louis s'excusa aussitôt auprès de Charles VIII de ce qu'il lui laissait con-

tinuer sa route seul ; mais les intérêts qui le rappelaient
à Milan était si graves, disait-il, qu'il ne pouvait, en
pareille circonstance, en rester éloigné un jour de plus.
En effet, il avait à recueillir la succession de celui qu'il
avait assassiné.

Cependant Charles VIII continuait sa route, non sans
quelque inquiétude. La vue du jeune prince mourant
l'avait profondément ému, car il avait au fond du cœur
la conviction que Louis Sforza était son meurtrier ; et
un meurtrier pouvait être un traître. Il s'avançait donc
au milieu d'un pays inconnu, ayant devant lui un ennemi déclaré, et derrière lui un ami douteux : on commençait à entrer dans les montagnes, et comme l'armée
n'était point approvisionnée, et vivait au jour le jour, la
moindre station forcée amenait la famine. Or, on avait
devant soi Fivizzano, qui n'était, il est vrai, qu'une
bourgade entourée de murailles ; mais après Fivizzano,
Sarzane et Pietra Santa, qui étaient des forteresses regar-
dées comme imprenables : de plus, on entrait dans un
pays malsain surtout en octobre, qui ne produit que
de l'huile, et qui tire son blé même des provinces voisines ; une armée toute entière pouvait donc y être dé-
truite en quelques jours par la disette et le mauvais air,
plus encore que par les moyens de résistance qu'offre à
chaque pas le terrain. La situation était grave ; mais l'orgueil de Pierre de Médicis vint de nouveau en aide à
la fortune de Charles VIII.

Pierre de Médicis avait, comme on se le rappelle, pris
l'engagement de fermer l'entrée de la Toscane aux Fran-

LES BORGIA.

çais ; cependant, lorsqu'il vit son ennemi descendre des
Alpes, moins présomptueux dans ses propres forces, il
demanda du secours au pape ; mais à peine le bruit de
l'invasion ultramontaine s'était-il répandu dans la Romagne, que les Colonna s'étaient déclarés soldats du
roi de France, et, réunissant toutes leurs forces, s'étaient
emparés d'Ostie, où ils attendaient la flotte française,
pour lui offrir un passage vers Rome : le pape alors,
au lieu d'envoyer des troupes à Florence, fut obligé de
rappeler tous ses soldats autour de sa capitale ; seulement,
il fit dire à Pierre de Médicis, que si Bajazet lui envoyait les troupes qu'il lui avait fait demander, il mettrait
cette armée à sa disposition. Pierre de Médicis n'avait
encore pris aucune résolution ni formé aucun plan,
lorsqu'il apprit à la fois deux nouvelles terribles. Un voisin jaloux, le marquis de Tordinovo, avait indiqué aux
Français le côté faible de Fivizzano, de sorte que les
Français s'en étaient emparés d'assaut et en avaient
passés les soldats et les habitans au fil de l'épée ; d'un
autre côté, Gilbert de Montpensier, qui éclairait le bord
de la mer pour conserver à l'armée française ses communications avec sa flotte, avait rencontré un détachement que Paul Orsini envoyait à Sarzane, pour renfor-
cer la garnison, et après un combat d'une heure l'avait
taillé en pièces. Aucun des prisonniers n'avait été reçu
à merci, tout ce qu'on avait pu atteindre avait été massacré.

C'était la première fois que les Italiens, habitués aux combats chevaleresques du quinzième siècle, se trouvaient en

CRIMES CÉLÈBRES.

contact avec les terribles Ultramontains, qui, moins avancés qu'eux en civilisation, ne considéraient pas encore la guerre comme un jeu savant, mais la tenaient bien pour une lutte mortelle. Aussi, la nouvelle de ces deux boucheries produisit-elle une grande sensation à Florence, la ville la plus riche, la plus commerçante et la plus artiste de l'Italie. Chacun se représenta les Français pareils à une armée de ces anciens barbares qui éteignaient le feu avec le sang, et les prophéties de Savonarole, qui avait prédit l'invasion ultramontaine et la destruction qui la devait suivre, étant revenues à l'esprit de tous, une fermentation si grande se manifesta, que Pierre de Médicis, résolu d'obtenir la paix à tout prix, fit décréter à la république qu'elle enverrait une ambassade au vainqueur, et obtint, résolu qu'il était de se remettre lui-même entre les mains du roi français, de faire partie de cette ambassade. En conséquence, il quitta Florence, accompagné de quatre autres messagers, et arrivé à Pietra Santa, fit demander à Charles VIII un sauf-conduit pour lui seul. Le lendemain du jour où il avait fait cette demande, Briçonnet et de Piennes vinrent le chercher, et l'amenèrent devant Charles VIII.

Pierre de Médicis, malgré son nom et son influence, n'était aux yeux de la noblesse française, qui regardait comme un déshonneur de s'occuper d'art ou d'industrie, qu'un riche marchand, avec lequel il était inutile de garder de bien sévères convenances. Aussi, Charles VIII le reçut-il à cheval, en lui demandant d'un ton hautain, et comme un maître à son subordonné, d'où lui était

LES BORGIA.

venu cet orgueil, de vouloir lui disputer le passage de la
Toscane. Pierre de Médicis répondit que, du consentement de Louis XI lui-même, son père Laurent avait
conclu un traité d'alliance avec Ferdinand de Naples ;
que c'était donc à des engagemens pris qu'il avait été
forcé d'obéir ; mais que, ne voulant point pousser plus
loin son dévouement à la maison d'Aragon et son opposition à celle de France, il était prêt à faire tout ce que
Charles VIII exigerait de lui. Le roi, qui ne s'attendait
pas à tant d'humilité de la part de son ennemi, demanda
que Sarzane lui fût livrée ; ce à quoi Pierre de Médicis
consentit à l'instant même. Alors, le vainqueur, voulant
voir jusqu'où l'ambassadeur de la magnifique république
pousserait la déférence, répondit que cette concession
était loin de lui suffire, mais qu'il lui fallait encore les
clefs de Pietra Santa, de Pise, de Librafatta et de Livourne. Pierre de Médicis n'y vit pas plus de difficultés
que dans celle de Sarzane, et y consentit encore, sous la
seule parole que lui donna Charles VIII, de lui remettre
ces villes lorsqu'il aurait achevé la conquête de Naples.
Enfin, Charles VIII, voyant que le négociateur qu'on lui
avait envoyé était si facile en affaires, exigea comme
dernière condition, mais aussi comme condition *sine
qua non* de sa protection royale, qu'il lui serait prêté
par la magnifique république une somme de deux cent
mille florins. Pierre, qui disposait du trésor avec la même
facilité que des forteresses, répondit que ses concitoyens
seraient heureux de rendre ce service à leur nouvel allié.
Alors, Charles VIII le fit monter à cheval, et lui ordonna

CRIMES CÉLÈBRES.

de marcher devant lui, afin de commencer l'exécution de ses promesses par la remise des quatre places fortes qu'il avait exigées. Pierre de Médicis obéit, et l'armée française, conduite par le petit-fils de Cosme le Grand et le fils de Laurent le Magnifique, continua sa marche triomphale à travers la Toscane.

En arrivant à Lucques, Pierre de Médicis apprit que les concessions qu'il avait faites au roi de France occasionnaient à Florence une fermentation terrible. Tout ce que la magnifique république avait cru qu'exigerait Charles VIII était un simple passage sur son territoire, le mécontentement de la nouvelle était donc général, quand il fut encore augmenté par le retour des ambassadeurs, que Pierre de Médicis n'avait pas même consultés pour agir ainsi qu'il l'avait fait. Quant à celui-ci, jugeant son retour nécessaire, il demanda à Charles VIII l'autorisation de le précéder dans la capitale. Comme il avait rempli ses engagemens, moins l'emprunt, et que l'emprunt ne pouvait se négocier qu'à Florence, le roi n'y vit aucun inconvénient, et le même soir qu'il avait quitté l'armée, Pierre rentra incognito dans son palais de la Via Larga.

Le lendemain, il voulut se présenter à la seigneurie, mais en arrivant sur la place du Vieux-Palais, il vit venir à lui le gonfalonier Jacob de Nerli, qui lui signifia qu'il était inutile qu'il tentât d'aller plus loin, et qui lui montra Lucas Corsini debout à la porte, l'épée à la main et ayant derrière lui des gardes chargés, s'il voulait insister. de lui disputer le passage. Pierre de

LES BORGIA.

Médicis, étonné d'une pareille opposition, qu'il éprouvait pour la première fois, n'essaya pas même de la combattre. Il se retira chez lui, et écrivit à Paul Orsini, son beau-frère, de venir le trouver avec ses gendarmes. Malheureusement pour lui, la lettre fut interceptée. La seigneurie y vit une tentative de rébellion. Elle appela à son aide les citoyens; ceux-ci s'armèrent à la hâte, sortirent en foule, et s'amassèrent sur la place du Palais. Pendant ce temps, le cardinal Jean de Médicis était monté à cheval, et, croyant qu'il allait être soutenu par Orsini, il parcourait les rues de Florence, accompagné de ses serviteurs et jetant son cri de guerre : — Palle, Palle! — Mais les temps étaient changés, ce cri ne trouvait plus d'écho, et lorsque le cardinal arriva à la rue des Calzaioli, de tels murmures y répondirent, qu'il comprit qu'au lieu de tenter de soulever Florence, ce qu'il avait de mieux à faire était d'en sortir avant que la fermentation fût arrivée plus loin. Il se retira promptement dans son palais, croyant y retrouver Pierre et Julien, ses frères. Mais ceux-ci, sous la protection d'Orsini et de ses gendarmes, venaient de fuir par la porte de San Gallo. Le péril était éminent, Jean de Médicis voulut suivre leur exemple ; mais partout où il passait des clameurs de plus en plus menaçantes l'accueillaient. Enfin, voyant que le danger s'augmentait toujours, il descendit de cheval, et entra dans une maison qui était ouverte. Cette maison communiquait par bonheur avec un couvent de Franciscains ; un des frères prêta sa robe au fugitif, et le cardinal, protégé par cet humble incognito, parvint enfin

CRIMES CÉLÈBRES.

à sortir de Florence, et rejoignit ses deux frères dans les Apennins.

Le même jour, les Médicis furent déclarés traîtres et rebelles, et des ambassadeurs furent envoyés au roi de France. Ils le trouvèrent à Pise, où il rendait la liberté à la ville qui depuis quatre-vingt-sept ans était tombée sous la domination des Florentins. Charles VIII ne fit aucune réponse aux messagers, seulement il annonça qu'il allait marcher sur Florence.

Une pareille réponse, comme on le comprend bien, épouvanta la magnifique république. Florence n'avait ni le temps de préparer sa défense, ni la force de se défendre telle qu'elle était. Cependant chaque maison puissante rassembla autour d'elle ses serviteurs et ses vassaux, et, les ayant armés, attendit avec l'intention de ne pas commencer les hostilités, mais aussi avec la détermination de se défendre, si les Français attaquaient. Il fut convenu que, si quelque chose nécessitait une prise d'armes, les cloches sonnant à toutes volées aux différentes églises de la ville seraient le signal pour tous. Cette résolution était plus terrible à Florence peut-être que dans toute autre ville. Les palais qui restent de cette époque sont encore aujourd'hui de véritables forteresses, et les éternels combats des Guelfes et des Gibelins avaient familiarisé les Toscans avec la guerre des rues.

Le roi se présenta, le 17 novembre au soir, à la porte de San Friano ; il y trouva la noblesse florentine revêtue de ses habits les plus magnifiques, accompagnée du clergé qui chantait des hymnes, et accompagnée du peuples

LES BORGIA.

qui, joyeux de tout changement, espérait obtenir quelque
retour de liberté par la chute des Médicis. Charles VIII
s'arrêta un instant sous une espèce de baldaquin doré,
qu'on avait préparé pour lui, répondit quelques mots
évasifs aux paroles de bienvenue que lui adressait la
seigneurie; puis, ayant demandé sa lance, il l'appuya
sur sa cuisse et donna l'ordre d'entrer dans la ville, qu'il
traversa toute entière avec son armée, qui le suivait
les armes hautes, et alla descendre au palais des Médicis, qui avait été préparé pour lui.

Le lendemain, les négociations s'entamèrent; mais
chacun était loin de compte. Les Florentins avaient reçu
Charles VIII comme un hôte, et celui-ci était entré en
vainqueur. Aussi, lorsque les députés de la seigneurie
parlèrent de ratifier le traité de Pierre de Médicis, le roi
leur répondit que ce traité n'existait plus, puisqu'ils
avaient chassé celui qui l'avait fait; que Florence était
sa conquête, comme il l'avait prouvé en y entrant la
veille la lance à la main; qu'il s'en réservait la souveraineté,
et déciderait d'elle selon son bon plaisir; qu'en conséquence il leur ferait savoir s'il y rétablissait les Médicis,
où s'il déléguerait son autorité à la seigneurie; qu'au
reste, ils n'avaient qu'à revenir le lendemain, et qu'il
leur donnerait par écrit son ultimatum.

Cette réponse jeta Florence dans la consternation;
mais les Florentins ne s'en affermirent que mieux dans
leur résolution de se défendre. De son côté, Charles VIII
avait été étonné de l'étrange population de la ville, car
non seulement toutes les rues par lesquelles il avait

CRIMES CÉLÈBRES.

passé étaient encombrées par la foule, mais encore toutes
les maisons, depuis leurs terrasses jusqu'aux soupiraux
des caves, semblaient regorger d'habitans. En effet, Florence pouvait, grâce à son surcroît de population, renfermer à peu près cent cinquante mille ames.

Le lendemain, à l'heure convenue, les députés se
rendirent près du roi. Introduits de nouveau en sa présence, les discussions recommencèrent. Enfin, comme on
ne pouvait s'entendre, le secrétaire royal, qui était debout au pied du trône sur lequel Charles VIII était assis
et couvert, déploya un papier, et commença à lire, article
par article, les conditions du roi de France. Mais, à peine
au tiers de la lecture, la discussion ayant recommencé
plus ardente encore qu'auparavant, et Charles VIII ayant
dit qu'il en serait ainsi, ou qu'il ferait sonner ses trompettes, Pierre Capponi, secrétaire de la république, et
que l'on appelait le Scipion de Florence, arracha des
mains du secrétaire royal la capitulation honteuse qu'il
proposait, et la mettant en pièces :

« Eh bien ! sire, lui dit-il, faites sonner vos trompettes ;
nous ferons sonner nos cloches ! »

Puis, ayant jeté les morceaux à la figure du lecteur
stupéfait, il s'élança hors de la chambre, pour donner
l'ordre terrible qui allait faire de Florence un champ de
bataille.

Cependant, contre toutes les apparences, cette réponse
hardie sauva la ville. Les Français crurent que, pour parler
si haut, à eux surtout qui n'avaient encore rencontré aucun obstacle, il fallait que les Florentins eussent des res-

LES BORGIA.

sources ignorées, mais certaines ; les quelques hommes
sages qui avaient conservé de l'influence sur le roi lui
conseillèrent donc de rabattre de ses prétentions : en effet,
Charles VIII présenta de nouvelles conditions plus raison-
nables, qui furent acceptées, signées par les deux parties,
et publiées le 26 novembre pendant la messe, dans la
cathédrale de Sainte-Marie-des-Fleurs.

Voici quelles étaient ces conditions :

La seigneurie devait payer à Charles VIII, à titre de
subside, la somme de cent vingt mille florins, en trois
termes.

La seigneurie lèverait le sequestre mis sur les biens
des Médicis, et rapporterait le décret qui met leur tête à
prix.

La seigneurie s'engageait à pardonner aux Pisans leurs
offenses, moyennant quoi ils rentreraient sous l'obéissance
des Florentins.

Enfin, la seigneurie reconnaîtrait les droits du duc de
Milan sur Sarzane et Pietra Santa, et ces droits, une fois
reconnus, seraient appréciés et jugés par arbitres.

En échange de quoi, le roi de France s'engageait à res-
tituer les forteresses qui lui avaient été consignées, soit
lorsqu'il se serait rendu maître de la ville de Naples, soit
lorsqu'il aurait terminé cette guerre par une paix ou par
une trêve de deux ans, soit enfin, lorsque, par une raison
quelconque, il aurait quitté l'Italie.

Deux jours après cette proclamation faite, Charles VIII,
à la grande joie de la seigneurie, quitta Florence, et s'a-
vança vers Rome par la route de Poggibondi et de Sienne.

CRIMES CÉLÈBRES.

Le pape commençait à partager la terreur générale : il avait appris les massacres de Fivizzano, de la Lunigiane et d'Immola, il savait que Pierre de Médicis avait livré à Charles VIII les forteresses de la Toscane, que Florence s'était rendue, et que Catherine Sforza avait traité avec le vainqueur ; il voyait les débris des troupes napolitaines repasser découragées à travers Rome, pour aller se rallier dans les Abruzzes, de sorte qu'il se trouvait découvert en face d'un ennemi qui s'avançait vers lui, tenant toute la Romagne d'une mer à l'autre, et marchant sur une seule ligne depuis Piombino jusqu'à Ancône.

Ce fut en ce moment qu'arriva à Alexandre VI la réponse de Bajazet : elle n'avait tant tardé, que parce que l'envoyé pontifical et l'ambassadeur napolitain avaient été arrêtés par Jean de la Rovère, frère du cardinal Julien, au moment où ils mettaient pied à terre à Sinigaglia. Ils étaient chargés d'une réponse verbale, qui était que le sultan se trouvant à cette heure préoccupé d'une triple guerre, l'une avec le soudan d'Égypte, l'autre avec le roi de Hongrie, et la troisième avec les Grecs de la Macédoine et de l'Épire, il ne pouvait, malgré son grand désir, aider sa sainteté de ses armes : mais ils étaient accompagnés d'un favori du sultan, lequel était porteur d'une lettre particulière pour Alexandre VI, et dans laquelle Bajazet lui offrait, à certaines conditions, de l'aider de son argent. Quoique les messagers eussent été arrêtés, comme nous l'avons dit, l'envoyé turc n'en trouva pas moins un moyen de faire parvenir sa dépêche au pape ; nous la rapportons dans toute sa naïveté :

LES BORGIA.

« Le sultan Bajazet, fils du soudan Mahomet II, par la grâce de Dieu empereur d'Asie et d'Europe, au père et au maître de tous les chrétiens, Alexandre VI, pontife de Rome et pape par la Providence céleste : après le salut que nous lui devons et lui donnons de toute notre ame, faisons savoir à votre grandeur, par l'envoyé de sa puissance Georges Bucciarda, que nous avons appris sa convalescence, de laquelle nous avons reçu une grande joie et une grande consolation : puis entre autres choses, ledit Bucciarda nous ayant rapporté que le roi de France, qui marchait contre votre grandeur, manifestait le désir d'avoir entre les mains notre frère D'jem, qui est en votre puissance, chose qui non seulement serait contre notre volonté, mais dont encore il s'ensuivrait un grand dommage pour votre grandeur et pour toute la chrétienté ; en y réfléchissant avec votre envoyé Georges, nous avons trouvé une chose excellente pour le repos, pour l'utilité, pour l'honneur de votre puissance, et en même temps pour notre personnelle satisfaction ; il serait bon que notredit frère D'jem, qui, en sa qualité d'homme, est sujet à la mort, et qui est entre les mains de votre grandeur, trépassât le plus tôt possible, attendu que ce trépas, qui, dans sa position, serait un bonheur, deviendrait très-utile à votre puissance, très-commode à votre repos, en même temps que très-agréable à moi, qui suis votre ami ; que si cette proposition, comme je l'espère, était accueillie par votre grandeur, en son désir de nous être agréable, mieux vaudrait, pour le bien de votre grandeur et pour notre propre satisfaction, que ce fût plus tôt que plus tard, et par le

mode le plus sûr qu'il vous plairait d'employer, que ledit
D'jem passât des angoisses de ce monde en un monde
meilleur et plus tranquille, dans lequel il trouvera enfin
e repos : que si votre grandeur adopte ce projet et qu'elle
vo us envoie le corps de notre frère, nous nous engageons,
nous susdit sultan Bajazet, à remettre à votre grandeur,
en quelque lieu et en quelques mains qu'il lui plaira, la
somme de trois cent mille ducats, avec laquelle somme elle
pourrait acheter quelque beau domaine à ses enfans, et
pour lui faciliter cet achat, nous consentirions, en attendant l'événement, à remettre ces trois cent mille ducats
dans une main tierce, afin que votre grandeur fût bein
certaine de les recevoir à jour fixe et contre la remise du
corps de notre frère. En outre, je promets à votre puissance, pour sa plus grande satisfaction, que, tant qu'elle
sera sur le trône pontifical, il ne sera, ni par les miens,
ni par mes serviteurs, ni par mes compatriotes, fait aucun
dommage aux chrétiens, de quelque qualité ou condition
qu'ils soient, ni sur mer, ni sur terre, et pour plus grande
satisfaction et sûreté de votre grandeur, et afin qu'il ne
lui reste aucun doute sur l'accomplissement des choses
que je lui promets, j'ai juré et affirmé, en présence de
votre envoyé Bucciarda, par le vrai Dieu que nous adorons
et sur nos évangiles, qu'elles seraient observées de point
en point depuis le premier jusqu'au dernier : et maintenant, pour plus nouvelle et plus complète sécurité de votre
grandeur, et afin que votre ame ne conserve aucun doute
et soit de nouveau intimement et profondément convaincue, moi, susdit sultan Bajazet, je jure par le vrai Dieu

LES BORGIA.

qui a créé le ciel et la terre, ainsi que toutes les choses qui sont en eux, je jure, dis–je, par le seul Dieu que nous croyons et que nous adorons, d'observer religieusement tout ce qui a été dit ci-dessus, et de ne rien faire ni entreprendre à l'avenir contre votre grandeur.

» Ecrit à Constantinople, dans notre palais, le 12 septembre 1494 de la naissance du Christ. »

Cette lettre causa une grande joie au saint père ; un secours de quatre ou cinq mille Turcs devenait insuffisant dans les circonstances où l'on se trouvait, et ne pouvait que compromettre davantage le chef de la chrétienté, tandis qu'une somme de trois cent mille ducats, c'est-à-dire de près d'un million, était bonne à recevoir dans quelque circonstance que ce fût. Il est vrai que, tant que D'jem vivait, Alexandre touchait une rente de cent quatre-vingt mille livres, ce qui représentait en viager un capital de près de deux millions ; mais lorsqu'on a besoin d'argent, il faut savoir faire un sacrifice sur l'escompte. Néanmoins Alexandre ne prit aucune résolution, décidé qu'il était à agir selon les circonstances.

Mais une décision plus urgente à prendre était celle qui devait régler la façon dont il se conduirait vis-à-vis du roi de France : il n'avait pas cru aux succès des Français en Italie, et, comme nous l'avons vu, avait placé toutes les bases de la grandeur future de sa famille sur son alliance avec la maison d'Aragon. Mais voilà que la maison d'Aragon était chancelante, et qu'un volcan, plus terrible que son Vésuve, menaçait de dévorer Naples. Il fallait donc changer de politique et se rattacher au vain-

CRIMES CÉLÈBRES.

queur, chose qui n'était pas facile, Charles VIII gardant au pape une profonde rancune de ce qu'il lui avait refusé l'investiture qu'il avait accordée aux Aragonnais.

En conséquence, il envoya au roi de France le cardinal François Piccolomini. Ce choix parut maladroit au premier abord, attendu que cet ambassadeur était le neveu du pape Pie II, qui avait combattu avec acharnement la maison d'Anjou ; mais Alexandre VI avait, en agissant ainsi, une arrière-pensée que ne pouvaient pénétrer ceux qui l'entouraient. En effet, il avait deviné que Charles VIII ne recevrait pas facilement son envoyé, et que, dans les pourparlers qu'amènerait cette répugnance, Piccolomini se trouverait nécessairement en rapport avec les hommes qui dirigeaient les actions du jeune roi. Or, à côté de sa mission ostensible pour Charles VIII, Piccolomini avait des instructions occultes pour ses conseillers les plus influens. Ces conseillers étaient Briçonnet et Philippe de Luxembourg : or Piccolomini était autorisé à leur promettre à tous deux le chapeau de cardinal ; il en résulta que, comme l'avait prévu Alexandre VI, son envoyé ne put être admis en présence de Charles VIII, et fut obligé de conférer avec ceux qui l'entouraient. C'était ce que demandait le pape. Piccolomini revint à Rome avec le refus du roi, mais avec la parole de Briçonnet et de Philippe de Luxembourg de s'employer de tout leur pouvoir, près de Charles VIII, en faveur du saint père, et de le préparer à recevoir une nouvelle ambassade.

Cependant les Français avançaient toujours, ne s'arrêtant jamais plus de quarante-huit heures dans aucune

ville; de sorte qu'il devenait de plus en plus urgent de dé-
cider quelque chose avec Charles VIII. Le roi était entré
à Sienne et à Viterbe sans coup férir ; Yves d'Alègre et
Louis de Ligny avaient reçu Ostie des mains des Colonna ;
Civita Vecchia et Corneto avaient ouvert leurs portes ; les
Orsini avaient fait leur soumission ; enfin Jean Sforza,
gendre du pape, s'était retiré de l'alliance aragonnaise.
Alexandre jugea donc que le moment était venu d'abandonner son allié, et envoya vers Charles les évêques de
Concordia, de Terni, et monseigneur Gratian, son con-
fesseur. Ils étaient chargés de renouveler à Briçonnet et
à Louis de Luxembourg la promesse du cardinalat, et
avaient pleins pouvoirs de négocier au nom de leur maître,
soit que Charles VIII voulût bien comprendre Alphonse II
dans le traité, soit qu'il ne voulût rien signer qu'avec le
pape seul. Ils trouvèrent Charles VIII flottant entre les in-
sinuations de Julien de la Rovère, qui, témoin de la simonie du pape, insistait auprès du roi pour qu'il assemblât
un concile et fît déposer le chef de l'église, et la protection cachée que lui accordait l'évêque du Mans et l'évêque
de Saint-Malo ; de sorte que le roi, décidé à prendre lui-
même avis des circonstances, et sans rien arrêter d'avance,
continua sa route, renvoyant au pape ses ambassadeurs
et leur adjoignant le maréchal de Gié, le sénéchal de
Beaucaire et Jean de Gannay, premier président du
parlement de Paris ; ils étaient chargés de dire au pontife :

1° Que le roi voulait avant toute chose être admis sans
résistance dans Rome ; que, moyennant cette admission

CRIMES CÉLÈBRES.

volontaire, franche et loyale, il respecterait l'autorité du saint père et les priviléges de l'église ;

2° Que le roi désirait que D'jem lui fût remis, afin de s'en faire une arme contre le sultan lorsqu'il transporterait la guerre soit en Macédoine, soit en Turquie, soit en Terre-Sainte ;

3° Que quant aux autres conditions, elles étaient de si peu d'importance, qu'à la première conférence elles seraient levées.

Les ambassadeurs ajoutèrent que l'armée française n'était plus qu'à deux journées de Rome, et que le surlendemain au soir Charles VIII viendrait probablement demander lui-même la réponse de sa sainteté.

Il n'y avait pas à compter sur les négociations avec un prince qui agissait d'une façon si expéditive. Alexandre VI fit donc prévenir Ferdinand qu'il eût à quitter Rome le plus tôt possible, dans l'intérêt de sa propre sûreté. Mais Ferdinand ne voulut entendre à rien, et déclara qu'il ne sortirait par une porte que lorsque Charles VIII entrerait par l'autre. Au reste, son séjour ne fut pas long. Le surlendemain, vers les onze heures du matin, une sentinelle qu'on avait placée en vedette au haut du château Saint-Ange, où s'était retiré le pape, cria qu'elle voyait apparaître à l'horizon l'avant-garde ennemie : aussitôt Alexandre et le duc de Calabre montèrent sur la terrasse qui domine la forteresse, et s'assurèrent par leurs propres yeux que le soldat avait dit la vérité. Alors seulement le duc de Calabre monta à cheval, et, comme il l'avait dit, sortit par la porte de San-Sebastiano, au moment même

LES BORGIA.

où l'avant-garde française faisait halte à cinq cents pas de la porte du Peuple. C'était le 31 décembre 1494.

A trois heures de l'après-midi, toute l'armée étant arrivée, l'avant-garde se remit en marche tambours battant et enseignes déployées. — Elle était, dit Paul Jove, témoin oculaire, livre II, page 41 de son Histoire, — elle était composée de Suisses et d'Allemands aux habits courts, collans et de couleurs variées ; ils étaient armées d'épées courtes et acérées comme celles des anciens Romains, et portaient des lances de bois de frêne de dix pieds de long, dont le fer était étroit et aigu : un quart seulement avaient, au lieu de lance, des hallebardes dont le fer était taillé en forme de hache et surmonté d'une pointe à quatre angles, et dont ils se servaient en frappant également du tranchant et de la pointe : le premier rang de chaque bataillon portait des casques et des cuirasses qui défendaient la tête et couvraient la poitrine, de sorte que, lorsque les soldats étaient en bataille, ils présentaient à leurs ennemis un triple rang de pointes de fer qui s'abaissaient ou se relevaient comme les lances d'un porc-épic. A chaque millier de soldats était attachée une compagnie de cent fusillers ; quant aux chefs, ils portaient, pour se distinguer de leurs soldats, de hauts plumets sur leurs casques.

Après l'infanterie suisse, venaient les arbalétriers gascons : ils était cinq mille, portant un costume très-simple, qui contrastait avec le riche vêtement des Suisses, dont le plus petit les eût dépassés de toute la tête : au reste, excellens soldats, pleins de légèreté et de courage, et réputés surtout par la promptitude avec

CRIMES CÉLÈBRES.

laquelle ils tendaient et tiraient leurs arbalètes de fer.

Derrière eux venait la cavalerie, c'est-à-dire la fleur de la noblesse française; avec ses casques et ses colliers dorés, ses surcots de velours et de soie, ses épées, dont chacune avait un nom, ses écus, dont chacun représentait un domaine, ses couleurs, dont chacune signifiait une passion. Outre ces armes défensives, chaque cavalier portait à la main, comme les gendarmes italiens, une lance avec une pointe striée et solide, et à l'arçon de la selle une masse d'armes taillée en côtes ou garnie de pointes. Leurs chevaux étaient grands et vigoureux; mais, selon l'usage français, on leur avait coupé la queue et les oreilles. Ces chevaux, au contraire de ceux des gendarmes italiens, ne portaient point de caparaçons, de cuir bouilli; ce qui les faisait plus exposés aux coups. Chaque chevalier était suivi de trois chevaux, le premier monté par un page armé comme lui, et les deux autres par des écuyers, que l'on appelait auxiliaires latéraux, de ce que dans la mêlée ils combattaient à droite et à gauche de leur chef. Cette troupe était non seulement la plus magnifique, mais encore la plus considérable de l'armée; car, comme il y avait deux mille cinq cents chevaliers, les trois serviteurs qui suivaient chacun d'eux formaient avec eux un total de dix mille hommes.

Cinq mille chevau-légers venaient ensuite, portant de grands arcs de bois, et, comme les archers anglais, lançant au loin de longues flèches. Ils étaient d'un grand secours dans les batailles; car, se portant rapidement où l'on avait besoin de secours, ils pouvaient voler en un instant

LES BORGIA.

d'une aile à l'autre, et de l'arrière-garde à l'avant-garde, puis, leurs trousses épuisées, repartir au grand galop, sans que l'infanterie ni la grosse cavalerie les pût suivre. Leurs armes défensives étaient le casque et une demi-cuirasse : quelques-uns portaient en outre une lance courte pour clouer en terre les ennemis renversés : tous avaient de longs manteaux ornés d'aiguillettes et des plaques d'argent, au milieu desquelles brillaient les armoiries de leurs chefs.

Enfin venait l'escorte du jeune roi : quatre cents archers, parmi lesquels cent Écossais formaient la haie, tandis que deux cents chevaliers, choisis parmi les plus illustres, marchaient à pied à côté du prince, portant sur leurs épaules de pesantes masses d'armes. Au milieu de cette magnifique escorte, s'avançait Charles VIII, couvert, ainsi que son cheval, d'une splendide armure : à sa droite et à sa gauche marchaient le cardinal Ascagne Sforza, frère du duc de Milan, et le cardinal Julien de la Rovère, dont nous avons déjà si souvent parlé, et qui fut depuis Jules II. Les cardinaux Colonna et Savelli les suivaient immédiatement, et derrière eux Prosper et Fabrice Colonna, ainsi que tous les princes et généraux italiens qui s'étaient réunis à la fortune du vainqueur, et qui marchaient entremêlés avec les grands seigneurs de France.

Depuis long-temps la foule amassée pour voir passer tous ces soldats ultramontains, si nouveaux et si étranges pour elle, écoutait avec inquiétude un bruit sourd qui allait se rapprochant, et qui semblait le roulement du tonnerre : bientôt la terre sembla trembler, les vitres des

CRIMES CÉLÈBRES.

croisées frémirent, et derrière l'escorte du roi on vit s'a-
vancer accroupis et bondissant sur leurs affûts trente-six
canons de bronze, traînés chacun par six forts chevaux.
La longueur de ces canons était de huit pieds ; et comme
leur ouverture était assez large pour qu'un homme y pût
passer la tête, on estima que chacune de ces machines
terribles, presque inconnues encore aux Italiens, devait
peser à peu près six mille livres. Après les canons venaient des couleuvrines longues de seize pieds, et des
fauconneaux dont les plus petits lançaient des boulets de
la grosseur d'une grenade. Cette artillerie formidable ter-
minait la marche et formait l'arrière-garde de l'armée
française. Il y avait six heures que la tête avait déjà pé-
nétré dans la ville lorsqu'elle y entra à son tour ; et,
comme il faisait nuit, et que sur six artilleurs il y avait
un homme qui portait une torche, cette illumination donnait encore aux objets qu'elle éclairait un caractère plus
sombre que n'eût fait la lumière du soleil. Le jeune roi
alla se loger au palais de Venise, ayant toute cette artillerie braquée sur la place et dans les rues environnantes. Quant au reste de l'armée, elle se répandit par la
ville.

Le même soir, on apporta au roi de France, plus encore pour lui faire honneur que pour le tranquilliser sur
sa sûreté, les clefs de Rome et celles de la porte du jardin du Belvédère. Même chose, au reste, avait été faite
pour le duc de Calabre.

Le pape s'était, comme nous l'avons dit, retiré au château Saint-Ange avec six cardinaux seulement ; de sorte

LES BORGIA.

que, dès le lendemain de son arrivée, le jeune roi se trouva avoir autour de lui une cour bien autrement brillante que celle du chef de l'église. Alors fut remise de nouveau en question la convocation d'un concile , qui , convaincant Alexandre de simonie, procéderait à sa déposition. Mais les principaux conseillers du roi, gagnés, comme nous l'avons dit, firent observer que c'était un mauvais moment pour soulever un nouveau schisme dans l'église, que celui où l'on se préparait à marcher contre les infidèles. Comme c'était l'opinion intérieure du roi, on n'eut pas grand'peine à le convaincre, et il fut décidé que l'on traiterait avec sa sainteté.

Cependant les négociations, à peine commencées, faillirent être rompues ; car la première chose que demanda Charles VIII, fut la remise du château Saint-Ange ; tandis que, voyant dans ce château sa seule sûreté, c'était, de son côté, la dernière chose que le pape voulait accorder. Deux fois, dans son impatience juvénile, Charles VIII voulut enlever de force ce qu'on ne voulait pas lui céder de bonne volonté, et fit braquer ses canons sur la demeure du saint père ; mais celui-ci resta insensible à ces démonstrations ; et cette fois ce fut, tout obstiné qu'il était, le roi de France qui céda.

On laissa donc de côté cet article , et l'on convint des conditions suivantes.

Il devait y avoir entre sa majesté le roi de France et le saint père, à compter de cette heure , sincère amitié et ferme alliance.

En attendant la conquête définitive du royaume de Na-

CRIMES CÉLÈBRES.

ples, le roi de France occuperait, pour l'avantage et la commodité de ses armes, les forteresses de Civita-Vecchia, de Terracine et de Spolette.

Enfin le cardinal Valentino (c'est ainsi que l'on nommait César Borgia, de son archevêché de Valence) suivrait le roi Charles VIII en qualité de légat apostolique, ou plutôt d'otage.

Ces conditions arrêtées, on régla le cérémonial de l'entrevue. Le roi Charles VIII quitta le palais de Venise, et vint habiter au Vatican. A une heure convenue, il entra par une porte du jardin attenant au palais, tandis que le pape, qui n'avait pas quitté le château Saint-Ange, grâce au corridor qui communique d'un palais à l'autre, descendait par une autre porte dans le même jardin. Il résulta de cet arrangement qu'au bout d'un instant le roi aperçut le pape, et s'agenouilla une première fois; mais le pape fit semblant de ne pas le voir, de sorte que le roi fit quelques pas encore, et s'agenouilla une seconde fois; comme en ce moment sa sainteté était masquée par un massif, ce lui fut encore une nouvelle excuse: de sorte que le roi, accomplissant le cérémonial entier, se releva encore, et, faisant de nouveau quelques pas, alla s'agenouiller une troisième fois en face du saint père, qui l'aperçut enfin, et, marchant à lui comme pour empêcher le roi de se mettre à genoux, ôta sa barette, et, le pressant entre ses bras, le releva, l'embrassa tendrement au front, et ne voulut pas se recouvrir que le roi lui-même n'eût mis sa toque sur sa tête, ce à quoi le pape l'aida de ses propres mains. Alors, étant restés un

LES BORGIA.

instant debout, et ayant échangé quelques paroles de courtoisie et d'amitié, le roi supplia instamment sa sainteté de
vouloir bien agréger au sacré collége Guillaume Briçonnet, évêque de Saint-Malo. Comme c'était chose convenue d'avance entre ce prélat et sa sainteté, quoique le roi
l'ignorât, Alexandre voulut avoir le mérite d'accorder
promptement ce qui lui était demandé, et ordonna à l'instant même à l'un de ses serviteurs d'aller chercher chez
son fils, le cardinal Valentin, une cape et un chapeau.
Prenant alors le roi de France par la main, le pape le
conduisit dans la salle du Perroquet, où devait se faire
la cérémonie de réception du nouveau cardinal. Quant à
l'acte solennel du serment d'obéissance que devait prêter
Charles VIII à sa sainteté comme au chef suprême de l'é-
glise chrétienne, il fut remis au surlendemain.

Ce jour solennel arrivé, tout ce que Rome avait de
puissant dans la noblesse, dans le clergé et dans les armes, se rassembla autour de sa sainteté; Charles VIII,
de son côté, s'avança vers le Vatican avec une suite splendide de princes, de prélats et de capitaines. Au seuil du
palais, il trouva quatre cardinaux qui étaient venus au-
devant de lui : deux se placèrent à ses côtés, les deux autres derrière lui, et, tout son cortége suivant immédiatement, ils traversèrent une longue file d'appartemens pleins
de gardes et de serviteurs, et arrivèrent enfin dans la salle
de réception, où le roi était assis sur son trône, ayant
derrière lui son fils César Borgia. Arrivé à la porte, le
roi de France commença d'accomplir le cérémonial habituel ; et, étant passé des génuflexions aux baisemens des

pieds, de la main et du front, il se tint debout, tandis que le premier président du parlement de Paris, faisant à son tour quelques pas, dit à voix haute :

« Très-saint père,

» Voici mon roi tout disposé à prêter à votre sainteté le serment d'obéissance qu'il lui doit ; mais il est d'usage en France que celui qui offre à son seigneur son vasselage en reçoive en échange les grâces qu'il lui demande. En conséquence, sa majesté, tout en s'engageant de son côté à user vis-à-vis de votre sainteté d'une munificence plus grande encore que votre sainteté n'aura usé vis-à-vis d'elle, vient la supplier instamment de lui accorder trois faveurs. Ces trois faveurs sont d'abord la confirmation des priviléges déjà accordés au roi lui-même, à la reine son épouse et au dauphin son fils ; ensuite l'investiture, pour lui et ses successeurs, du royaume de Naples ; enfin la remise entre ses mains de la personne du sultan D'jem, frère de l'empereur des Turcs. »

A ce discours, le pape demeura un instant stupéfait ; car il ne s'attendait pas à ces trois demandes, que, de son côté, Charles VIII n'avait faites si publiquement que pour lui ôter tout moyen de les lui refuser. Mais, reprenant aussitôt sa présence d'esprit, il répondit au roi qu'il confirmerait volontiers les priviléges accordés à la maison de France par ses prédécesseurs ; que, par conséquent, il pouvait considérer cette première demande comme accordée ; que, quant à l'investiture du royaume, c'était une affaire à délibérer dans le conseil des cardinaux ; mais qu'il fe-

LES BORGIA.

rait auprès d'eux tout son possible pour qu'ils accédassent
à ses désirs; enfin, que, pour ce qui regardait le frère du
sultan, il remettait à un temps plus opportun de discuter
la chose avec le sacré collége, affirmant que, comme cette
remise ne pouvait être qu'utile au bien de la chrétienté,
puisqu'elle était demandée dans le but de rendre le succès d'une croisade plus certaine, ce ne serait pas sa faute
si sur ce point encore le roi n'était point satisfait.

Après cette réponse, Charles VIII s'inclina en signe
qu'il était content; et, étant demeuré debout et découvert en face du pape, le premier président reprit la parole en ces termes :

« Très-saint-père,

» C'est une antique coutume des rois chrétiens, et particulièrement des rois très-chrétiens de France, de signifier, par le moyen de leurs ambassadeurs, le respect qu'ils
professent pour le saint-siége et les souverains pontifes que
la Providence divine y élève ; mais le roi très-chrétien,
ayant eu le désir de visiter le tombeau des saints apôtres,
a voulu, non par ambassadeur, non par délégué, mais
par lui-même, payer cette dette religieuse, qu'il regarde
comme sacrée : c'est pourquoi, très-saint père, sa majesté
le roi de France vous reconnaît pour le véritable vicaire
du Christ, pour le légitime successeur des apôtres saint
Pierre et saint Paul, et vous promet et jure cette foi filiale et respectueuse que les rois ses prédécesseurs sont ac-
coutumés de vous promettre et de vous jurer, se dévouant
lui et toutes ses forces au service de votre sainteté et aux
intérêts du saint-siége. »

CRIMES CÉLÈBRES

Le pape se leva tout joyeux ; car ce serment, fait avec tant de publicité, lui ôtait toute crainte d'un concile ; aussi, disposé à accorder, de ce moment, au roi de France tout ce qu'il lui demanderait, il le prit par la main gauche, lui faisant une courte mais amicale réponse, et l'appelant le fils aîné de l'église. La cérémonie terminée, ils sortirent de la salle, le pape tenant toujours le roi par la main, et ils marchèrent ainsi jusqu'à la chambre où l'on dépose les vêtemens sacrés ; là le pape feignit de vouloir reconduire le roi jusqu'à ses appartemens ; mais le roi ne le voulant pas souffrir, tous deux se saluèrent de nouveau et se séparèrent pour se retirer chacun chez soi.

Le roi resta encore huit jours au Vatican, puis s'en retourna au palais Saint-Marc. Pendant ces huit jours toutes les choses qu'avait demandées Charles VIII furent débattues et réglées à sa satisfaction. L'évêque du Mans fut fait cardinal ; l'investiture du royaume de Naples fut promise au vainqueur ; enfin, il fut convenu qu'au moment de partir le pape, contre une somme de cent vingt mille livres, remettrait au roi de France le frère de l'empereur de Constantinople. Seulement, voulant pousser jusqu'au bout l'hospitalité qu'il lui avait donnée, le pape invita D'jem à dîner pour le jour même où il devait quitter Rome avec son nouveau protecteur.

Le moment du départ arrivé, Charles VIII monta à cheval tout armé, et se rendit avec une suite brillante et nombreuse au palais du Vatican : arrivé en face de la porte, il descendit de cheval, et, laissant son escorte sur la place **Saint-Pierre,** il monta avec quelques seigneurs seulement.

LES BORGIA.

Il trouva sa sainteté dans la chambre où l'attendait le pape ayant à sa droite le cardinal Valentin, à sa gauche D'jem, qui venait, comme nous l'avons dit, de dîner à sa table, et autour de lui, treize cardinaux : aussitôt le roi, ayant fléchi le genou, demanda au saint père sa bénédiction, et s'inclina pour lui baiser les pieds ; mais Alexandre VI ne le voulut point souffrir, le prit dans ses bras, et avec une bouche de père et un cœur d'ennemi, le baisa tendrement au front. Alors le pape présenta au roi de France le fils de Mahomet II, qui était un beau jeune homme, ayant quelque chose de noble et de royal dans l'aspect, et dont le magnifique costume oriental contrastait par son ampleur et sa forme avec l'habit étroit et sévère des chrétiens. D'jem s'avança vers Charles VIII, sans humilité, mais sans hauteur, et comme un fils d'empereur qui traite avec un roi, lui baisa la main, puis l'épaule ; puis, se retournant vers le saint père, il lui dit en langue italienne, qu'il parlait très-bien, qu'il le priait de le recommander au grand roi qui voulait bien le prendre sous sa protection, assurant le pontife qu'il n'aurait jamais à se repentir de lui avoir rendu sa liberté, et disant à Charles VIII qu'il espérait qu'il aurait à se louer de lui, si, après avoir pris Naples, il passait en Grèce comme il en avait l'intention. Ces mots furent dits avec une telle dignité, et en même temps une douceur si grande, que le roi de France tendit loyalement et franchement la main au jeune sultan, comme à un compagnon d'armes. Puis, cette remise faite, Charles VIII prit une dernière fois congé du pape, et descendit sur

CRIMES CÉLÈBRES.

la place. Là il attendit le cardinal Valentin, qui, ainsi que nous l'avons dit, devait l'accompagner comme otage, et qui était resté en arrière pour échanger quelques paroles avec son père. Au bout d'un instant, César Borgia parut, monté sur une mule splendidement harnachée, et faisant conduire derrière lui six chevaux magnifiques dont le saint père faisait don au roi de France. Charles VIII monta aussitôt sur l'un d'eux pour faire honneur au pape du cadeau qu'il venait de lui faire, et, quittant Rome avec le reste de ses troupes, il s'achemina vers Marino, où il arriva le même soir.

Là il apprit qu'Alphonse, mentant à sa réputation d'habile politique et de grand général, venait de s'embarquer avec tous ses trésors sur une flottille de quatre galères, laissant le soin de la guerre et le gouvernement de son royaume à son fils Ferdinand. Ainsi tout secondait la marche triomphante de Charles VIII ; les portes des villes s'ouvraient seules à son approche ; ses ennemis fuyaient sans l'attendre, et avant d'avoir livré une seule bataille il avait déjà acquis le surnom de conquérant.

Le lendemain, au point du jour, l'armée se remit en route, et, après avoir marché toute la journée, s'arrêta le soir à Velletri. Là le roi, qui avait chevauché depuis le matin accompagné du cardinal Valentin et de D'jem, déposa le premier à son logement, et, emmenant le second avec avec lui, se rendit au sien. Alors César Borgia, qui avait parmi les bagages de l'armée vingt fourgons pesamment chargés, fit ouvrir un de ces fourgons,

LES BORGIA.

et en tira un buffet magnifique, avec la vaisselle d'argent nécessaire à sa table, et, comme il avait déjà fait la veille, ordonna de préparer son souper. Pendant ce temps, la nuit étant venue, il s'enferma dans une chambre retirée, et, dépouillant son costume de cardinal, il revêtit un habit de palefrenier. Grâce à ce déguisement, il sortit de la maison qui lui avait été assignée pour son logement sans être reconnu, traversa les rues, franchit les portes, et gagna la campagne. A une demi-lieue de la ville à peu près, un domestique l'attendait avec deux chevaux de course. César, qui était un excellent cavalier, sauta en selle, et lui et son compagnon, au grand galop de leurs montures, reprirent le chemin de Rome, où ils arrivèrent au point du jour. César descendit chez M. Flores, auditeur de la Rote, où il se fit amener un cheval frais et apporter des habits convenables ; puis, immédiatement, il se rendit chez sa mère, qui jeta un cri de joie en l'apercevant ; car, muet et mystérieux pour tout le monde, et même pour elle, le cardinal n'avait rien dit de son prochain retour à Rome.

Ce cri de joie qu'avait poussé la Vanozza en revoyant son fils était bien moins encore un cri d'amour que de vengeance. Un soir, pendant que tout était en fête au Vatican, tandis que Charles VIII et Alexandre VI se juraient une amitié que ni l'un ni l'autre n'avait dans le cœur, et échangeaient des sermens qui d'avance étaient déjà trahis, un messager était arrivé de la part de Vanozza, apportant à César une lettre par laquelle elle le priait de passer sans retard à sa maison de la

vue della Longara. César avait interrogé le messager ;
mais celui-ci lui avait répondu qu'il n'avait rien à lui
dire, et qu'il apprendrait tout ce qu'il désirait savoir de
la bouche même de sa mère. Aussi, à peine libre,
César, vêtu d'un habit de laïque et enveloppé d'un large
manteau, avait-il quitté le Vatican et s'était-il acheminé
vers l'église de Regina-Cœli, dans le voisinage de laquelle nous avons dit, on doit se le rappeler, qu'était
située la maison qu'habitait la maîtresse du pape.

En approchant de chez sa mère, César commença de
remarquer des signes de dévastation étranges. La rue
était jonchée de débris de meubles et de lambeaux d'é-
toffes précieuses. En arrivant au bas du petit perron qui
conduisait à la porte d'entrée, il vit que les fenêtres
étaient brisées et que des restes de rideaux flottaient dé-
chirés devant elles ; de sorte que, ne comprenant rien à
ce désordre, il s'était élancé dans l'intérieur, avait parcouru plusieurs appartemens déserts et délabrés. Puis
enfin, voyant de la lumière dans une chambre, il y était
entré et y avait trouvé sa mère assise sur les débris d'un
coffre d'ébène tout incrusté d'ivoire et d'argent. En
apercevant César, elle se leva, pâle, les cheveux épars; et
lui montrant de la main la désolation qui l'entourait :

— Vois, César, lui dit-elle ; voici l'ouvrage de tes
nouveaux amis.

— Qu'y a-t-il donc, ma mère ? demanda le cardinal;
et d'où vient ce désordre qui vous entoure ?

— Il y a, répondit la Vanozza en grinçant les dents de
rage, que le serpent que vous avez réchauffé vient de me

mordre, craignant sans doute de se briser les dents **sur**
vous.

— Qui a fait cela ? s'écria César : dites-le-moi, ma
mère, et, par le ciel, je vous le jure, je le lui rendrai, et
bien au-delà.

— Qui a fait cela ? reprit Vanozza : le roi Charles VIII,
par les mains de ses fidèles alliés les Suisses. On a su que
Melchiori était en voyage, et que, par conséquent, je de-
meurais seule ici avec quelques misérables domestiques ;
et alors ils sont venus, brisant les portes comme s'ils
avaient pris Rome d'assaut, et, tandis que le cardinal Valentin faisait fête à leur maître, ils pillaient la maison
de sa mère, l'abreuvant d'insolence et d'outrages tels
qu'on n'eût pas dû en attendre de plus grands des Turcs
et des Sarrazins.

— C'est bien, c'est bien, ma mère, dit César ; soyez
tranquille, le sang lavera la honte. Quant à ce que nous
avions perdu, songez-y, ce n'est rien à côté de ce que
nous pouvions perdre ; et mon père et moi, soyez tranquille, nous vous rendrons plus qu'on ne vous a ôté.

— Ce ne sont pas des promesses que je demande,
s'écria la Vanozza, c'est une vengeance.

— Ma mère, dit le cardinal, vous serez vengée, ou je
perdrai le nom de votre fils.

Et ayant rassuré sa mère par ces paroles, il l'emmena
au palais de Lucrèce, qui se trouvait libre par son mariage avec le seigneur de Pesaro, et rentra au Vatican,
donnant des ordres pour que la maison de sa mère fût
remeublée plus magnifiquement qu'avant son désastre.

CRIMES CÉLÈBRES.

Ces ordres avaient été ponctuellement suivis, et c'était au milieu de ce luxe nouveau, mais avec la même haine dans le cœur, que César retrouvait sa mère. De là venait le cri de joie qu'elle avait poussé en le revoyant.

Le fils et la mère échangèrent seulement quelques paroles; puis César, remontant à cheval, rentra au Vatican, d'où il était sorti deux jours auparavant comme otage. Alexandre, qui était prévenu d'avance de cette fuite, et qui non seulement l'avait approuvée, mais qui encore, en sa qualité de souverain pontife, avait relevé d'avance son fils du parjure qu'il allait commettre, le reçut avec joie, mais ne lui en conseilla pas moins de se cacher, Charles VIII, selon toutes probabilités, ne devant point tarder à faire réclamer son otage.

En effet, le lendemain, au lever du roi, on s'était aperçu de l'absence du cardinal Valentin ; et comme Charles VIII s'inquiétait de ne pas le voir paraître, il envoya savoir quelle cause l'empêchait de se rendre auprès de lui. Arrivé au logement qu'avait quitté la veille César, l'envoyé apprit qu'il en était sorti vers les neuf heures du soir, et n'y était point rentré depuis. Il retourna porter cette nouvelle au roi, qui se douta aussitôt qu'il s'était enfui, et qui, dans le premier mouvement de sa colère, fit connaître ce parjure à toute l'armée. Les soldats alors se rappelèrent ces vingt fourgons si pesamment chargés, et de l'un desquels le cardinal, à la vue de tous, avait fait tirer une si magnifique vaisselle d'or et d'argent, et, ne doutant pas que les autres ne renfermassent des objets aussi précieux, ils se ruèrent

LES BORGIA.

dessus et les mirent en pièces ; mais ils n'y trouvèrent
que des pavés ou du sable ; ce qui prouva au roi que
cette fuite était préparée de longue main, et redoubla encore sa colère contre le pape. Aussi, sans perdre de temps,
envoya-t-il à Rome monseigneur Philippe de Bresse, qui
fut depuis duc de Savoie, avec ordre d'exprimer au saint
père tout son mécontentement d'une pareille conduite à
son égard. Mais le pape répondit qu'il ignorait complètement l'évasion de son fils, et en exprimait ses regrets
bien sincères à sa majesté, ne sachant point où il pouvait être, et affirmant en tout cas qu'il n'était point à
Rome. En effet, cette fois le pape disait vrai, César
s'était retiré avec le cardinal Orsino dans une de ses
terres, où il se tenait momentanément caché. Cette
réponse fut portée à Charles VIII par deux messagers
que le pape lui envoya, et qui étaient les évêques de Népi
et de Sutri. Le peuple, de son côté, députa un ambassadeur au roi. Cet ambassadeur était monseigneur Porcari,
doyen de la Rote, lequel était chargé de lui exprimer.
tout le déplaisir que les Romains avaient ressenti en
apprenant le manque de parole du cardinal. Quelque peu
disposé que fût Charles VIII à se payer de paroles vides,
il lui fallait faire face à des affaires plus importantes :
aussi continua-t-il, sans s'arrêter, sa route vers Naples,
où il entra le dimanche 22 février de l'année 1495.

Quatre jours après le malheureux D'jem, qui était
tombé malade à Capoue, mourut au château Neuf. En se
séparant de lui et dans le banquet d'adieu, Alexandre VI
avait fait sur lui l'essai de ce poison dont il comptait

CRIMES CÉLÈBRES.

par la suite faire un si fréquent usage sur les cardinaux, et dont il devait, par un juste retour, éprouver enfin l'effet lui-même. Ainsi, le pape s'était arrangé pour toucher des deux mains; et, dans sa double spéculation sur ce malheureux jeune homme, il avait à la fois vendu sa vie cent vingt mille livres à Charles VIII, et sa mort trois cent mille ducats à Bajazet.

Seulement il y eut retard dans le second paiement; car l'empereur des Turcs, comme on s'en souvient, ne devait remettre l'or fratricide qu'en échange du cadavre, et le cadavre, par ordre de Charles VIII, avait été enterré à Gaëte.

Lorsque César Borgia apprit ces nouvelles, il estima, avec raison, que le roi de France, occupé à s'installer dans sa nouvelle capitale, avait à penser à trop de choses pour s'inquiéter de lui : en conséquence, il reparut à Rome, et, pressé de tenir à sa mère la parole qu'il lui avait donnée, il y signala son retour par sa vengeance.

Le cardinal Valentin avait à sa solde un Espagnol dont il avait fait le chef de ses bravi; c'était un homme de trente-cinq à quarante ans, dont la vie entière n'avait été qu'une longue rébellion contre toutes les lois de la société; ne reculant devant aucune action, pourvu qu'elle lui fût payée le prix qu'elle valait. Don Michel Correglia, qui se fit une sanglante célébrité sous le nom de Michelotto, était bien l'homme qu'il fallait à César; aussi, de même que Michelotto avait pour César un dévouement sans bornes, César avait en Michelotto une confiance sans limites. Ce fut lui que le cardinal

LES BORGIA.

chargea d'une partie de sa vengeance ; quant à l'autre,
il se la réserva à lui-même.

Don Michel reçut l'ordre de parcourir la campagne
de Rome, et d'égorger tous les Français qu'il y rencon-
trerait. Il se mit aussitôt à l'œuvre, et quelques jours
s'étaient à peine écoulés, qu'il avait déjà obtenu les résultats les plus satisfaisans : plus de cent personnes avaient
été pillées et assassinées, et parmi ces dernières était
le fils du cardinal de Saint-Malo, qui s'en retournait en
France, et sur lequel Michelotto trouva une somme de
trois mille écus.

De son côté, César s'était réservé les Suisses ; car c'é-
taient les Suisses particulièrement qui avaient dévasté la
maison de la Vanozza ; le pape avait à son service à
peu près cent cinquante soldats de cette nation, qui
avaient fait venir leurs familles à Rome, et s'étaient en-
richis tant de leur paie qu'en exerçant quelque autre
industrie. Le cardinal leur fit donner à tous leur congé,
avec ordre de quitter Rome dans les vingt-quatre heures,
et les États romains dans trois jours. Les pauvres diables,
pour obéir à l'ordre reçu, s'étaient tous réunis, avec leurs
femmes, leurs enfans et leur bagage, sur la place Saint-
Pierre, quand tout-à-coup, le cardinal Valentin les fit
envelopper de tous côtés par deux mille Espagnols, qui
commencèrent à tirer sur eux avec des arquebuses et à
les charger à coups de sabre, tandis que César et sa
mère regardaient le carnage d'une fenêtre. Ils en tuè-
rent ainsi cinquante ou soixante à peu près ; mais les
autres, s'étant réunis, firent tête aux assassins, et, sans se

CRIMES CÉLÈBRES.

laisser entamer, battirent en retraite jusqu'à une maison où ils se fortifièrent et se défendirent si vaillamment,
qu'ils donnèrent le temps au pape, qui ignorait quel était
l'auteur de cette boucherie, d'envoyer le capitaine de sa
garde, qui, avec l'aide d'un fort détachement qu'il avait
amené, parvint à les faire sortir de la ville au nombre
de quarante à peu près : le reste avait été massacré sur
la place, ou avait été tué dans la maison.

Mais ce n'était point là une vengeance véritable ; car
elle n'atteignait point Charles VIII, le véritable et seul
auteur de toutes les tribulations qu'avaient depuis un an
éprouvées le pape et sa famille : aussi César abandonna-
t-il bientôt ces machinations vulgaires pour s'occuper de
plus hauts intérêts, et s'adonna-t-il de toute la force de
son génie à renouer la ligue des princes italiens, rom-
pue par la défection de Sforza, par l'exil de Pierre et
par la défaite d'Alphonse.

Cette entreprise s'accomplit avec plus de facilité que
le pape ne s'y était attendu. Les Vénitiens n'avaient pas
vu sans inquiétude Charles VIII passer si près d'eux, et
ils tremblaient que, maître une fois de Naples, il n'eût
l'idée de conquérir le reste de l'Italie. De son côté, Ludovic Sforza commençait à craindre, en voyant la rapidité
avec laquelle le roi de France avait détrôné la maison
d'Aragon, qu'il ne fît bientôt plus de différence entre ses
alliés et ses ennemis. Maximilien, à son tour, ne cherchait qu'une occasion de rompre la paix momentanée
qu'il avait accordée à force de concessions. Enfin Ferdinand et Isabelle étaient alliés à la maison détrônée. De

LES BORGIA.

sorte que tous, ayant, quoique avec des intérêts différens, une crainte commune, furent bientôt d'accord sur la nécessité de chasser Charles VIII, non seulement de Naples, mais encore de l'Italie, et s'engagèrent par tous les moyens qui seraient en leur pouvoir, soit par négociations, soit par surprise, soit par force, à contribuer à cette expulsion. Les Florentins seuls refusèrent de prendre part à cette levée de boucliers, et restèrent fidèles à la parole donnée.

D'après les articles arrêtés entre les confédérés, l'alliance devait durer vingt-cinq ans, et avait pour but ostensible de défendre la majesté du pontife romain et les intérêts de la chrétienté; de sorte que l'on aurait pu prendre ces préparatifs pour ceux d'une croisade contre les Turcs, si l'ambassadeur de Bajazet n'avait pas constamment assisté à toutes les délibérations, quoique par pudeur les princes chrétiens n'osassent point admettre en nom dans la ligue l'empereur de Constantinople. Au reste, les confédérés devaient mettre sur pied une armée de trente-quatre mille chevaux et de vingt mille fantassins, et chacun s'était taxé pour un contingent; de sorte que le pape était tenu de fournir quatre mille chevaux, Maximilien six mille, le roi d'Espagne, le duc de Milan et la république de Venise, chacun huit mille. Chaque confédéré devait en outre lever et équiper dans les six semaines de la signature du traité quatre mille fantassins. Les flottes seraient fournies par les états maritimes; mais les frais qu'elles auraient occasionnés seraient également **répartis** sur tous.

Cette ligue fut publiée le 12 avril 1495, jour du dimanche des Rameaux, dans tous les états d'Italie, et
particulièrement à Rome, au milieu de fêtes et de ré-
jouissances infinies. Presque aussitôt la publication de
ces articles ostensibles, les confédérés commencèrent de
mettre à exécution les articles secrets. Ces articles obli-
geaient Ferdinand et Isabelle à envoyer à Ischia, où le fils
d'Alphonse s'était retiré, une flotte de soixante galères,
portant six cents cavaliers et cinq mille fantassins, pour
l'aider à remonter sur le trône. Ces troupes devaient être
mises sous le commandement de Gonzalve de Cordoue,
à qui la prise de Grenade venait de donner la réputation du premier général de l'Europe. De leur côté, les
Vénitiens devaient attaquer, avec une flotte de quarante
galères, sous les ordres d'Antonio Grimani, tous les établissemens que les Français auraient sur les côtes de
la Cababre et de Naples. Quant au duc de Milan, il s'engageait à arrêter tous les secours qui viendraient de
France et à chasser le duc d'Orléans d'Asti.

Restait Maximilien, qui s'était engagé à envahir les
frontières de France, et Bajazet, qui devait aider de son
argent, de sa flotte et de ses soldats tantôt les Vénitiens,
tantôt les Espagnols, selon qu'il serait appelé par Bar-
berigo ou par Ferdinand le Catholique.

Cette ligue était d'autant plus inquiétante pour
Charles VIII, que l'enthousiasme avec lequel il avait
été reçu s'était promptement calmé. C'est qu'il lui était
arrivé ce qui arrive d'ordinaire aux conquérans qui ont
plus de fortune que de génie ; au lieu de se faire parmi

LES BORGIA.

les grands vassaux napolitains et calabrais un parti dont les racines tinssent au sol même, en confirmant leurs priviléges, et en augmentant leur puissance, il les avait blessés en accordant tous les titres, tous les emplois, tous les fiefs, à ceux qui l'avaient suivi de France ; de sorte que toutes les charges du royaume étaient occupées par des étrangers. Il en résulta qu'au moment même où la ligue était proclamée, Tropée et Amantea, que Charles VIII avait données au seigneur de Précy, se révoltèrent et arborèrent la bannière d'Aragon ; que la flotte espagnole n'eut qu'à se présenter devant Reggio en Calabre pour que cette ville, plus mécontente encore de la domination nouvelle que de l'ancienne, lui ouvrît à l'instant même ses portes, et que don Frédéric, frère d'Alphonse et oncle de Ferdinand, qui n'avait au reste jamais quitté Brindes, n'eût qu'à se présenter devant Tarente pour y être reçu comme un libérateur.

Charles VIII apprit toutes ces nouvelles à Naples, lorsque, déjà las de sa nouvelle conquête, qui nécessitait un travail d'organisation dont il était incapable, il tournait les yeux vers la France, où l'attendaient les fêtes de la victoire et le triomphe du retour. Aussi céda-t-il aux premiers avis qui lui conseillèrent de reprendre le chemin de son royaume, menacé, comme nous l'avons dit, au nord par les Allemands, et au midi par les Espagnols. En conséquence, il nomma Gilbert de Montpensier, de la maison de Bourbon, son vice-roi ; d'Aubigny ; de la maison Stuart d'Écosse, lieutenant en Calabre, Étienne de Vèse, commandant de Gaëte, et don Ju-

CRIMES CÉLÈBRES.

lien, **Gabriel** de Montfaucon, Guillaume de Villeneuve, Georges de Silly, le Bailly de Vitry, et Graziano Guerra, gouverneurs de Santo-Angelo, de Manfredonia, de Trani, de Catanzaro, d'Aquila et de Sulmone; puis, laissant au représentant de ses droits la moitié des Suisses, une partie des Gascons, huit cents lances françaises et environ cinq cents hommes d'armes italiens, ces derniers sous le commandement du préfet de Rome, de Prosper et de Fabrice Colonna et d'Antonio Savelli, il sortit de Naples le 20 mai, à deux heures de l'après-midi, pour traverser toute la péninsule italienne avec le reste de son armée, qui se composait de huit cents lances françaises, de deux cents gentilshommes de sa garde, et de cent hommes d'armes italiens, de trois mille fantassins suisses, de mille Français et de mille Gascons. Il comptait en outre être rejoint en Toscane par Camille Vitelli et ses frères, qui devaient lui amener deux cent cinquante hommes d'armes.

Huit jours avant son départ de Naples, Charles VIII avait envoyé à Rome monseigneur de Saint-Paul, frère du cardinal de Luxembourg; et au moment où il allait se mettre en route, il expédia de nouveau l'archevêque de Lyon : tous deux avaient mission d'assurer Alexandre que le roi de France était dans le désir le plus sincère et dans la plus ferme volonté de demeurer son ami. En effet, Charles VIII ne désirait rien tant que de détacher le pape de la ligue, afin de s'en faire un soutien spirituel et temporel : mais un jeune roi ardent, ambitieux et brave, n'était pas le voisin qui convenait à Alexandre;

LES BORGIA.

il ne voulut donc entendre à rien, et comme les troupes qu'il avait demandées au doge et à Ludovic Sforza ne lui avaient point été envoyées en nombre suffisant pour défendre Rome, il se contenta de faire approvisionner le château Saint-Ange, y mit une formidable garnison, laissa le cardinal de Saint-Anastase pour recevoir Charles VIII, et se retira avec César à Orviette.

Charles VIII ne demeura que trois jours à Rome, désespéré qu'il était que, malgré ses prières, Alexandre VI eût refusé de l'y attendre. Aussi, pendant ces trois jours, au lieu d'écouter les avis de Julien de la Rovère, qui lui conseillait de nouveau d'assembler un concile et de déposer le pape, il fit remettre aux officiers romagnols, espérant ramener le pape vers lui par ce bon procédé, les citadelles de Terracine et de Civita-Vecchia, ne gardant que celle d'Ostie, qu'il avait promis à Julien de lui rendre. Enfin, ces trois jours écoulés, il sortit de Rome, et se dirigea, sur trois colonnes, vers la Toscane, traversa les États de l'Église, et, le 13, arriva à Sienne, où il fut rejoint par Philippe de Commines, qu'il avait envoyé comme ambassadeur extraordinaire près la république de Venise, et qui lui annonça que ses ennemis avaient quarante mille hommes sous les armes, et s'apprêtaient à le combattre. Cette nouvelle ne produisit d'autre effet que d'exciter outre mesure la gaîté du roi et des gentilshommes de son armée; car ils avaient pris un tel dédain de leurs ennemis dans leur facile conquête, qu'ils ne croyaient pas qu'une armée, si nombreuse qu'elle fût, osât leur disputer le passage.

CRIMES CÉLEBRES.

Force fut cependant à Charles VIII de se rendre à l'é-
vidence lorsqu'il apprit à San-Teranzo que l'avant-garde,
commandée par le maréchal de Gié, et composée de six
cents lances et de quinze cents Suisses, s'était, en arrivant à Fornovo, trouvée en face des confédérés, qui
avaient assis leur camp à Guiarole. Le maréchal avait fait
halte à l'instant même, et avait de son côté disposé ses
logis, profitant de la hauteur où il se trouvait pour se
faire une défense de la nature même du terrain. Puis, ces
premières mesures prises, il avait envoyé, d'une part, un
trompette au camp ennemi, pour demander à François de
Gonzague, marquis de Mantoue, généralissime des troupes confédérées, passage pour l'armée de son roi, et des
vivres à un prix raisonnable, et de l'autre il avait expé-
dié un courrier à Charles VIII, en l'invitant à hâter sa
marche, ainsi que celle de l'artillerie et de l'arrière-garde.
Les confédérés avaient fait une réponse évasive ; car ils
balançaient s'ils compromettraient en un seul combat toutes les forces de l'Italie, ou si, risquant le tout pour le
tout, ils tenteraient d'anéantir le roi de France et son armée, ensevelissant ainsi le conquérant dans sa conquête.
Quant à Charles VIII, on le trouva occupé à inspecter le
passage des derniers canons par-dessus la montagne de
Pontremoli : ce qui n'était point chose facile, attendu
que, comme il n'y avait point de sentier tracé, on avait
été obligé de les monter et de les descendre à force de
bras ; ce qui occupait jusqu'à deux cents hommes pour
une seule pièce. Enfin, toute l'artillerie étant arrivée sans
accident de l'autre côté des Apennins, Charles VIII par-

LES BORGIA.

tit en toute hâte pour Fornovo, où il arriva avec toute sa
suite le lendemain dans la matinée.

Du sommet de la montagne où le maréchal de Gié était
campé, le roi de France découvrait à la fois et son camp
et celui de l'ennemi : chacun d'eux était posé sur la rive
droite du Taro, et à chaque extrémité de cercle d'une
chaîne de collines placée en amphithéâtre ; de sorte que
l'intervalle situé entre les deux camps, vaste bassin où
s'étendait dans ses crues hivernales le torrent qui lui servait de limites, n'était qu'une plaine couverte de gravier,
où il était aussi difficile à la cavalerie qu'à l'infanterie de
manœuvrer : en outre, un petit bois, qui suivait le ver-
sant occidental des collines, s'étendait de l'armée ennemie à l'armée française, et était occupé par les Stra-
diotes, qui, grâce à lui, avaient déjà engagé quelques
escarmouches avec nos troupes pendant les deux jours où
elles avaient fait halte pour attendre le roi.

La situation n'était pas rassurante. Du sommet de la
montagne qui dominait Fornovo, la vue, comme nous l'a-
vons dit, embrassait les deux camps, et pouvait facilement calculer la différence numérique de chacun d'eux.
En effet, l'armée française, affaiblie par les diverses gar-
nisons qu'elle avait été forcée de laisser dans les villes
et les forteresses que nous avions conservées en Italie,
s'élevait à peine à huit mille combattans, tandis que l'armée milano-vénitienne dépassait un total de trente-cinq
mille hommes. Charles VIII résolut donc de tenter de
nouveau les voies de la conciliation, et envoya Commines,
qui, ainsi que nous l'avons dit, l'avait rejoint en Toscane,

CRIMES CÉLÈBRES.

aux provéditeurs vénitiens qu'il avait connus dans son ambassade, et sur lesquels, grâce à l'estime qu'on faisait généralement de son mérite, il avait pris une grande influence. Il était chargé de dire, au nom du roi de France, aux chefs de l'armée ennemie, que son maître ne désirait rien autre chose que continuer sa route sans faire ni recevoir aucun dommage; qu'en conséquence il demandait un passage libre à travers ces belles plaines de la Lombardie, qui, des hauteurs où il était placé, se déroulaient à perte de vue jusqu'au pied des Alpes.

Commines trouva l'armée confédérée en grandes dissensions : l'avis des Milanais et des Vénitiens était de laisser passer le roi sans l'attaquer, trop heureux, disaient-ils, qu'il abandonnât ainsi l'Italie sans y avoir causé d'autre dommage ; mais les ambassadeurs d'Espagne et d'Allemagne pensaient autrement que leurs alliés. Comme leurs maîtres n'avaient point de troupes dans l'armée, et que les dépenses qu'ils devaient faire étaient faites, ils ne pouvaient que profiter à une bataille ; puisque, gagnée, ils recueillaient les fruits de la victoire, et perdue, ils n'éprouvaient aucunement les dommages de la défaite. Cette dissidence dans les opinions fit qu'on remit au lendemain la réponse à faire à Commines, et que l'on arrêta que le lendemain il aurait une nouvelle conférence avec un plénipotentiaire que l'on nommerait pendant la nuit : cette conférence devait se tenir entre les deux armées.

Le roi passa la nuit dans une grande inquiétude : toute la journée le temps avait menacé de tourner à la pluie, et nous avons dit avec quelle rapidité croissait le Taro ;

LES BORGIA.

sadeurs autorisés à leur promettre en son nom la remise de Crémone et de Ghiera d'Adda, aussitôt qu'il aurait conquis la Lombardie.

Tout secondait donc au dehors la politique envahis-
sante d'Alexandre VI, lorsqu'il fut forcé de détourner
les yeux de la France pour les ramener sur le centre
de l'Italie : c'est qu'au milieu de Florence il y avait un
homme sans duché, sans couronne, sans épée, n'ayant
d'autre puissance que celle de son génie, d'autre armure
que sa pureté, et d'autre arme offensive que sa parole, et
qui commençait à devenir plus dangereux pour lui que
ne pouvaient l'être tous les rois, ducs ou princes de la
terre ; cet homme était le pauvre moine dominicain Jérôme
Savonarole, le même qui avait refusé l'absolution à Laurent de Médicis, parce qu'il n'avait point voulu rendre la
liberté à sa patrie.

Jérôme Savonarole avait prédit l'entrée des ultramontains en Italie, et Charles VIII avait conquis Naples ; Jérôme Savonarole avait prédit à Charles VIII qu'en punition de ce qu'il n'accomplissait pas la mission libératrice
qu'il avait reçue de Dieu, il était menacé d'un grand malheur, et Charles VIII était mort ; enfin, pareil à l'homme
qui, tournant autour de la ville sainte, avait crié pendant
huit jours : —Malheur à Jérusalem !—et le neuvième jour
cria : —Malheur à moi-même !—Savonarole avait prédit sa
propre chute ; mais, incapable de reculer devant le danger,
le réformateur florentin n'en était pas moins résolu à
attaquer le colosse d'abomination assis sur le siége de
saint Pierre ; de sorte qu'à chaque débauche nouvelle, ou

à chaque crime nouveau qui était apparu effrontément au
jour, ou qui avait essayé de se cacher honteusement dans
la nuit, il avait montré du doigt au peuple, en le poursuivant de son anathème, cet enfant de la luxure ou de
l'ambition pontificale. Ainsi il avait flétri de sa censure les nouvelles amours d'Alexandre VI avec la belle
Julia Farnèse, qui, au mois d'avril, venait d'ajouter un
fils à la famille du pape ; ainsi il avait poursuivi de ses ma-
lédictions le meurtre du duc de Gandie, ce fratricide
causé par la jalousie d'un incestueux ; enfin, il montrait
à ses compatriotes, exclus de la ligue qui se formait en
ce moment, le sort qui les attendait lorsque les Borgia,
maîtres des petites principautés, en viendraient à s'attaquer aux duchés ou aux républiques. C'était donc un ennemi à la fois spirituel et temporel qui s'élevait contre
lui, et dont il fallait faire taire la voix importune et me-
naçante, à quelque prix que ce fût.

Cependant, si grande que fût la puissance du pape, ce
n'était pas chose facile à accomplir qu'un pareil dessein.
Savonarole, qui prêchait les austères principes de la liberté, avait réuni, même au milieu de la riche et voluptueuse Florence, un parti considérable connu sous le nom
des *Piangioni*, ou des *Pénitens* : il se composait des citoyens qui, désirant à la fois une réforme dans l'état et
dans l'église, accusaient en même temps les Médicis d'avoir
asservi la patrie, et les Borgia d'avoir ébranlé la foi, et
demandaient que la république fût ramenée à son prin-
cipe populaire et la religion à sa simplicité primitive. Au
reste, sur le premier de ces points il avait déjà fait de grands

progrès, puisque, en dépit des deux autres factions, celle
des *Arrabiati*, ou des *Enragés*, qui, composée des jeunes
patriciens les plus riches et les plus nobles de Florence,
voulait un gouvernement oligarchique, et celle des *Bigi*,
ou des *Gris*, qui désiraient le retour des Médicis, et que l'on
nommait ainsi parce qu'ils conspiraient dans l'ombre, ils
avaient successivement obtenu l'amnistie de tous les crimes et délits commis sous les autres gouvernemens, l'a-
bolition de la balie, qui était un pouvoir aristocratique,
l'établissement d'un conseil souverain, composé de dix-
huit cents citoyens, et les élections populaires substituées
au tirage au sort, ou aux choix oligarchiques.

La première mesure qu'employa Alexandre VI contre
la puissance croissante de Savonarole fut de le déclarer
hérétique, et, comme tel, de lui interdire la chaire; mais
Savonarole avait éludé cette défense en faisant prêcher
à sa place Dominique Bonvicini de Pescia, son disciple et
son ami. Il en résulte que les préceptes du maître chan-
geaient de bouche, et voilà tout, et que la semence, pour
être répandue par une autre main, n'en tombait pas
moins dans une terre fertile et ardente à la faire éclore.
D'ailleurs Savonarole, posant pour l'avenir l'exemple que
Luther suivit si heureusement, lorsque vingt-deux ans
plus tard il fit brûler à Vittemberg la bulle d'excommu-
nication de Léon X, avait, se lassant de son silence, bientôt déclaré, sur l'autorité du pape Pélage, qu'une excom-
munication injuste était sans efficacité, et que celui qui
en était frappé n'avait pas même besoin de s'en faire ab-
soudre. En conséquence, il avait déclaré, le jour de Noël de

CRIMES CÉLÈBRES.

l'année 1597, que le Seigneur lui inspirait de secouer l'o-
béissance, attendu la corruption du maître, et avait recommencé à prêcher dans l'église cathédrale avec un succès
d'autant plus grand, que ses sermons avaient été in-
terrompus, et une influence d'autant plus formidable,
qu'elle s'appuyait sur les sympathies qu'inspire toujours
aux masses une injuste persécution.

Alexandre VI alors, pour obtenir justice du rebelle,
s'adressa à Léonard de Médicis, vicaire de l'archevêché de
Florence, qui, en obéissance aux ordres reçus de Rome,
publia un mandement pour empêcher les fidèles de suivre
les prédications de Savonarole. D'après ce mandement,
ceux qui écouteraient la parole de l'excommunié ne seraient point reçus à la confession ni à la communion ; et
comme, s'ils mouraient, ils seraient entachés d'hérésie,
attendu leur commerce spirituel avec un hérétique, leurs
corps devaient être traînés sur la claie et privés de sé-
pulture. Savonarole en appela à la fois du mandement
de son supérieur au peuple et à la seigneurie, et les deux
pouvoirs réunis donnèrent, au commencement de l'année
1498, ordre au vicaire épiscopal de sortir de Florence
dans le délai de deux heures.

Cette expulsion de Léonard de Médicis fut un nouveau triomphe pour Savonarole : aussi, voulant faire tourner au profit de l'amélioration des mœurs son influence
croissante, il résolut de changer le dernier jour du carnaval, jour jusque alors consacré aux plaisirs mondains,
en un jour de contrition religieuse. En effet, le jour
même du Mardi Gras, un nombre considérable d'enfans

LES BORGIA.

s'étant réunis devant l'église cathédrale, se divisa par troupes, qui, parcourant la ville, entrèrent de maison en maison, réclamant les livres profanes, les peintures voluptueuses, les luths et les harpes, les cartes et les dés à jouer, les cosmétiques et les parfums, enfin tous ces mille produits d'une civilisation et d'une société corrompue, à l'aide de laquelle Satan fait parfois si victorieusement la guerre à Dieu. Et les habitans de Florence, obéissant à cette injonction, vinrent apporter sur la place du Dôme toutes ces œuvres de perdition, qui eurent bientôt formé un immense bûcher, auquel les jeunes réformateurs mirent le feu en chantant des hymnes et des psaumes religieux. C'est là que furent brûlés un grand nombre d'exemplaires de Boccace, du Morgante Maggiore, et les tableaux de Fra Bartolomée, qui, à compter de ce jour, renonça à la peinture mondaine pour consacrer entièrement son pinceau à la reproduction des scènes religieuses.

Une pareille réforme devenait effrayante pour Alexandre ; aussi résolut-il de combattre Savonarole à l'aide des mêmes armes avec lesquelles il attaquait, c'est-à-dire par l'éloquence. Il choisit pour lui tenir tête un prédicateur d'un talent reconnu, nommé frère François de Pouille ; et il l'envoya à Florence, où il commença à prêcher dans l'église de Sainte-Croix, accusant Savonarole d'hérésie et d'impiété. En même temps le pape, par un nouveau bref, déclara à la seigneurie que, si elle n'interdisait point la parole à l'hérésiarque, tous les biens des marchands florentins situés sur le territoire pontifical seraient con-

CRIMES CÉLÈBRES.

fisqués, et la république mise en interdit et déclarée ennemie spirituelle et temporelle de l'église. La seigneurie,
abandonnée par la France, et voyant croître d'une manière effrayante la puissance matérielle de Rome, fut forcée de céder cette fois, et intima à Savonarole l'ordre de
cesser de prêcher. Savonarole obéit, et prit congé de son
auditoire par un discours plein d'éloquence et de fermeté.

Cependant la retraite de Savonarole, au lieu de calmer
la fermentation, l'avait augmentée : on parlait de ses prophéties réalisées ; et des sectaires plus ardens que le maître,
passant de l'inspiration au miracle, disaient tout haut
que Savonarole avait offert de descendre dans les tom-
beaux de l'église cathédrale avec son antagoniste, et là,
comme preuve que sa doctrine était vraie, de ressusciter
un mort, promettant de s'avouer vaincu si le miracle
était fait par son adversaire. Ces bruits revinrent à frère
François de Pouille, et, comme c'était un de ces hommes à passions ardentes, qui comptent la vie pour rien
quand le sacrifice de leur vie peut être utile à leur cause,
il déclara, dans son humilité, qu'il se regardait comme un
trop grand pécheur pour que Dieu lui accordât la grâce
d'opérer un miracle ; mais il proposa un autre défi, qui
était d'entrer avec Savonarole dans un bûcher ardent. Il
savait qu'il y devait périr, disait-il ; mais au moins il pé-
rirait en vengeant la cause de la religion, puisqu'il était
certain d'entraîner avec lui le tentateur, qui précipitait
tant d'ames avec la sienne dans la damnation éternelle.

La proposition faite par le frère François fut rapportée
à Savonarole ; mais, comme il n'avait pas proposé le pre-

LES BORGIA.

mier défi, il hésitait à accepter le second, lorsque son disciple, frère Dominique Bonvicini, plus confiant que lui-même dans sa propre puissance, déclara qu'il était prêt à accepter à la place de son maître l'épreuve du feu, certain qu'il était que Dieu ferait un miracle à l'intercession de son prophète. A l'instant même le bruit se répandit dans Florence que le défi mortel était accepté : les partisans de Savonarole, qui étaient tous des hommes convaincus, ne doutaient pas du triomphe de leur cause. Ses ennemis étaient enchantés de voir un hérétique se livrer lui-même aux flammes ; enfin les indifférens voyaient dans l'épreuve un spectacle plein d'un terrible intérêt.

Mais le dévouement de frère Bonvicini de Pescia ne faisait pas le compte de frère François de Pouille : il voulait bien mourir d'une mort terrible, mais à la condition que Savonarole mourrait avec lui. En effet, que lui importait la mort d'un disciple obscur comme frère Bonvicini? c'était le maître qu'il fallait frapper, c'était le chef de la doctrine qu'il fallait entraîner dans sa chute. Il déclara donc qu'il n'entrerait dans le bûcher qu'avec Savonarole lui-même, et n'accepterait jamais, jouant ce terrible jeu pour son compte, que son adversaire le jouât par procuration.

Alors il arriva une chose à laquelle, certes, on n'eût pas dû s'attendre, c'est qu'à la place de frère François de Pouille, qui ne voulait jouer qu'avec le maître, deux moines franciscains se présentèrent pour jouter avec le disciple. C'étaient frère Nicolas de Pilly et frère André Rondinelli. Aussitôt les partisans de Savonarole, voyant

ce renfort arriver à leurs antagonistes, se présentèrent en
foule pour tenter l'épreuve. Les Franciscains, de leur côté,
ne voulurent pas rester en arrière, et chacun prit parti,
avec la même ardeur, pour l'un et pour l'autre. Florence
toute entière semblait une loge d'insensés : chacun voulait le bûcher, chacun demandait à passer dans le feu ; ce
n'étaient plus des hommes seulement qui se défiaient
entre eux, c'étaient des femmes et des enfans, qui demandaient à faire l'épreuve. Enfin la seigneurie, réser-
vant leurs droits aux premiers engagés, ordonna que le
duel étrange aurait lieu seulement entre frère Dominique Bonvicini et frère André Rondinelli ; dix citoyens
devaient en régler les détails. Quant au jour fixé, ce fut
le 7 avril 1498, et le lieu la place du Palais.

Les juges du camp firent leurs dispositions en gens de
conscience : grâce à leurs soins, un échafaud fut dressé
à l'endroit indiqué ; il avait cinq pieds de hauteur, dix de
largeur, et quatre-vingts de longueur. Sur cet échafaud,
tout couvert de fagots et de bruyères, maintenus par des
barrières faites du bois le plus sec que l'on avait pu
trouver , on avait ménagé deux étroits sentiers de deux
pieds de large au plus, et de soixante-dix pieds de long,
dont l'entrée donnait sur la Loggia dei Lanzi, et la sortie
à l'extrémité opposée. Quant à la Loggia, elle avait été
elle-même séparée en deux par une cloison, afin que
chaque champion eût une espèce de chambre pour faire
ses préparatifs, comme au théâtre chaque acteur a sa loge
pour s'habiller ; seulement ici la tragédie qu'on allait
jouer n'était pas une fiction.

LES BORGIA.

Les Franciscains arrivèrent sur la place et entrèrent dans la partie qui leur était réservée sans aucune démonstration religieuse, tandis qu'au contraire Savonarole se rendit à la sienne processionnellement, couvert des habits sacerdotaux avec lesquels il venait de célébrer l'office divin, et tenant en main la sainte hostie, que tout le monde pouvait voir, attendu que le tabernacle qui la renfermait était de cristal. Quant à frère Dominique de Pescia, le héros de la fête, il suivait avec un crucifix, et tous les moines dominicains, tenant une croix rouge à la main, marchaient derrière lui en psalmodiant, et derrière les moines venaient les citoyens les plus considérables de leur parti, tenant des torches à la main; car, sûrs qu'ils étaient du triomphe de leur cause, ils voulaient eux-mêmes mettre le feu au bûcher. Quant à la place, elle était encombrée d'une telle foule, qu'elle se dégorgeait dans toutes les rues. Les portes et les fenêtres ne présentaient que des têtes superposées les unes aux autres ; les terrasses étaient couvertes de monde, et l'on apercevait des curieux jusque sur le toit du dôme et sur la plate-forme de la campanille.

Cependant, en face de l'épreuve, les Franciscains élevèrent de telles difficultés, qu'il était évident que leur champion commençait à faiblir. La première crainte exprimée par eux fut que le frère Bonvicini pouvait être un enchanteur, et, comme tel, avoir sur lui quelque talisman ou quelque charme qui le garantît du feu. Ils exigèrent donc qu'il fût dépouillé de tous ses habits, et qu'il en revêtît d'autres, qui seraient visités par les té-

moins. Frère Bonvicini ne fit aucune objection, si humi-
liant que fût un pareil soupçon, et changea de chemise,
de robe et de froc. Alors, comme les Franciscains virent
que Savonarole lui remettait en main le tabernacle, ils
s'écrièrent que c'était une profanation, que d'exposer la
sainte hostie à être brûlée ; que cela n'était point dans les
conventions, et que, si Bonvicini ne renonçait pas à cette
aide surnaturelle, ils renonceraient, eux, à l'épreuve.
Savonarole répondit qu'il n'y avait rien d'étonnant, le
champion de la foi ayant mis sa confiance en Dieu, qu'il
portât entre ses mains le même Dieu dont il attendait son
salut. Cette réponse ne satisfit pas les Franciscains, qui ne
voulurent pas démordre de leur prétention. Savonarole,
de son côté, demeura inflexible dans son droit ; de sorte
que, près de quatre heures s'écoulant ainsi en discussions où personne ne voulait céder, les choses demeu-
rèrent dans le même état. Pendant ce temps, le peuple,
amassé depuis le point du jour dans les rues, sur les
terrasses, sur les toits, souffrant de la faim et de la soif,
commençait à s'impatienter, et son impatience se tradui-
sait en murmures qui arrivaient jusqu'aux champions ;
si bien que les partisans de Savonarole, certains d'un
miracle, tant ils avaient foi en lui, le suppliaient de céder sur toutes les conditions. Savonarole répondit à cela
que, si c'était lui qui tentât l'épreuve, il se montrerait
plus facile ; mais que, comme c'était un autre qui courait
le danger, il ne pouvait prendre trop de précautions.
Deux heures se passèrent encore, pendant lesquelles ses
partisans essayèrent en vain de combattre ses refus.

LES BORGIA.

Enfin, comme la nuit avançait, que le peuple s'impatientait de plus en plus, et que ses murmures commençaient à devenir menaçans, Bonvicini déclara qu'il était prêt à traverser le bûcher sans tenir autre chose à la main qu'un crucifix. C'était une demande qu'on ne pouvait lui refuser ; aussi frère Rondinelli fut-il forcé d'accepter la proposition. On annonça donc au peuple que les champions étaient tombés d'accord, et que l'épreuve allait avoir lieu. A cette annonce le peuple se calma, dans l'espoir d'être enfin dédommagé de sa longue attente ; mais, en ce moment même, un orage qui depuis long-temps s'amassait sur Florence éclata avec une telle force, qu'en un instant le bûcher, auquel on venait de mettre le feu, se trouva éteint par la pluie, sans qu'il fût possible de le rallumer. Dès lors la foule se crut jouée, son enthousiasme se tourna en mépris ; ignorant de quel côté étaient venues les difficultés qui avaient retardé l'épreuve, elle en fit retomber indistinctement la responsabilité sur les deux champions. La seigneurie, qui prévoyait les désordres qui allaient avoir lieu, ordonna à l'assemblée de se retirer ; mais l'assemblée n'en fit rien, et demeura sur la place, attendent, malgré la pluie affreuse qui tombait par torrens, la sortie des deux champions. Rondinelli fut reconduit au milieu des huées et poursuivi à coups de pierres. Quant à Savonarole, grâce à ses habits sacerdotaux et au saint-sacrement qu'il tenait à la main, il passa assez tranquillement au milieu de cette populace ; miracle aussi remarquable que s'il fût passé à travers le bûcher.

Mais c'était la majesté seule de l'hostie sainte qui avait

CRIMES CÉLÈBRES.

protégé celui que, de ce moment, l'on regarda comme un
faux prophète ; et c'était à grand regret que la foule, excitée par le parti des Arrabiati, qui depuis long-temps pro-
clamaient Savonarole menteur et hypocrite, l'avait laissé
rentrer à son couvent. Aussi, lorsque, le lendemain, qui
était le dimanche des Rameaux, il monta en chaire pour expliquer sa conduite, ne put-il pas, au milieu des injures,
des huées et des rires, obtenir un seul instant de silence.
Bientôt même les cris, de moqueurs qu'ils étaient d'a-
bord, devinrent menaçans : Savonarole, dont la voix
était trop faible, ne put dominer le tumulte, descendit
de la chaire, se retira dans la sacristie, puis de la sacristie rentra dans son couvent et s'enferma dans sa cellule.
Au même instant un cri se fit entendre, qui fut répété
aussitôt par tout ce qu'il y avait d'assistans : — A Saint-
Marc ! à Saint-Marc ! — Ce noyau d'insurrection se recruta,
en traversant les rues, de toute la populace, et arriva
battre les murs du couvent, pareille à une mer qui monte.
Bientôt les portes, fermées à son approche, craquèrent sous
cet effort puissant de la multitude, qui broie à l'instant
même tout ce qu'elle touche ; le flot populaire se répandit en une seconde par tout le couvent, et Savonarole,
et ses deux adeptes, Dominique Bonvicini et Silvestre
Maruffi, arrêtés dans leurs cellules, furent conduits à la
prison au milieu des insultes de la populace, qui, toujours
extrême dans son enthousiasme comme dans sa haine,
voulait les mettre en pièces, et qu'on ne calma qu'en lui
promettant de faire exécuter de force aux prisonniers
l'épreuve qu'ils avaient refusé de faire de bonne volonté.

LES BORGIA.

Alexandre VI, qui, comme on le pense, n'avait point été étranger, sinon de sa personne, du moins par son influence, à ce rapide et étrange revirement, eut à peine appris la chute et l'arrestation de Savonarole, qu'il le réclama comme relevant de la justice ecclésiastique. Mais, malgré les indulgences dont le pape accompagnait cette demande, la seigneurie exigea que le procès de Savonarole fût instruit à Florence ; et, pour ne point paraître entièrement soustraire le coupable à la juridiction pontificale, elle demanda au pape d'adjoindre au tribunal florentin deux juges ecclésiastiques. Alexandre VI, voyant qu'il n'obtiendrait pas autre chose de la magnifique république, députa auprès d'elle Joachim Turriano de Venise, général des Dominicains, et François Ramolini, docteur en droit : ils étaient d'avance porteurs de la teneur du jugement, qui déclarait Savonarole et ses complices hérétiques, schismatiques, persécuteurs de la sainte église et séducteurs des peuples.

Au reste, cette fermeté des Florentins dans la réclamation de leurs droits comme juges n'était qu'une vaine démonstration pour sauver les apparences : le tribunal était composé de huit membres, tous connus pour ardens ennemis de Savonarole, dont le procès avait commencé par la torture. Il en résulte que Savonarole, faible de corps et d'une constitution irritable et nerveuse, n'avait pu soutenir la question de la corde, et, vaincu par la douleur, au moment où, enlevé de terre par les poignets, le bourreau l'avait laissé retomber jusqu'à deux pieds du sol, il avait avoué, pour obtenir quelque relâche, que ses pro-

CRIMES CÉLÈBRES.

phéties étaient de simples conjectures. Il est vrai qu'aussitôt rentré dans sa prison, il avait protesté contre cet
aveu, disant que c'était la faiblesse de ses organes et
son peu de constance à supporter les tourmens qui lui
avaient arraché ce mensonge; mais que la vérité était
que le Seigneur lui était plusieurs fois apparu dans ses
extases, et lui avait révélé les choses qu'il avait dites.
Cette protestation avait amené une nouvelle application
à la torture; application pendant laquelle Savonarole avait
succombé de nouveau à la force de la douleur et s'était
rétracté. Mais, à peine délié, et comme il était encore couché sur le matelas de la question, il déclara que ses aveux
étaient l'œuvre de ses bourreaux et retomberaient sur leurs
têtes; mais que, quant à lui, il protestait de nouveau contre
tout ce qu'il avait pu et pourrait dire. En effet, la torture
avait pour la troisième fois ramené les mêmes aveux, et
le repos qui l'avait suivie la même rétractation; de sorte
que les juges, après l'avoir condamné, lui et ses deux
disciples, au feu, décidèrent que sa confession ne serait
pas lue à haute voix sur le bûcher, comme c'était la coutume, certains qu'ils étaient que, cette fois comme les
autres, elle serait démentie par lui et démentie publiquement; ce qui pouvait être, pour quiconque connaît l'esprit versatile de la multitude, une chose du plus mauvais effet.

Le 23 mai, le bûcher qui avait été promis au peuple s'éleva de nouveau sur la place du palais, et cette fois
la multitude se rassembla, certaine qu'elle ne serait pas
frustrée de ce spectacle si long-temps attendu. En effet,

LES BORGIA.

vers les onze heures du matin, Jérôme Savonarole, Dominique Bonvicini et Silvestre Maruffi furent amenés sur
le lieu de l'exécution, et, après avoir été dégradés de leurs
ordres par les juges ecclésiastiques, furent, au centre
d'une immense pile de bois, attachés tous trois au même
pieu. Alors l'évêque Pagnanoli déclara aux condamnés
qu'il les séparait de l'église. — De la militante? — répondit Savonarole, qui dès cette heure entrait en effet,
grâce à son martyre, dans l'église triomphante. Ce fut
tout ce que dirent les condamnés; car, en ce moment, un
Arrabiato, ennemi personnel de Savonarole, ayant franchi
la haie que formaient les gardes autour de l'échafaud,
arracha la torche des mains du bourreau, et mit lui-même
le feu aux quatre coins du bûcher. Quant à Savonarole et
à ses disciples, dès qu'ils virent la fumée s'élever, ils se
mirent à chanter un psaume, et la flamme les enveloppait
déjà de tous côtés de son voile ardent, que l'on entendait
encore le chant religieux, qui allait frapper pour eux à la
porte du ciel.

Ainsi se trouva débarrassé du plus terrible ennemi qui
se fût jamais levé contre lui peut-être le pape Alexandre VI ; aussi, la vengeance pontificale poursuivit-elle
les condamnés jusque après leur mort : la seigneurie, cédant à ses instances, avait donné des ordres pour que les
cendres du prophète et de ses disciples fussent jetées dans
l'Arno; mais quelques ossemens à demi-brûlés furent re-
cueillis par les soldats mêmes qui avaient mission d'empêcher le peuple d'approcher du bûcher, et ces reliques
saintes, aujourd'hui encore, sont exposées, toutes noircies

par les flammes, à l'adoration des fidèles, qui, s'ils ne
regardent plus Savonarole comme un prophète, le regardent au moins comme un martyr.

Cependant l'armée française s'apprêtait une seconde
fois à passer les Alpes sous le commandement de Jacques Trivulce. Le roi Louis XII était venu accompagner jusqu'à Lyon César Borgia et Julien de la Rovère,
qu'il avait forcés de se réconcilier, et vers le commencement du mois de mai avait fait partir devant lui
son avant-garde, que suivit bientôt le corps d'armée.
Les forces du roi de France pour cette seconde conquête
se composaient de seize cents lances, de cinq mille
Suisses, de quatre mille Gascons, et de trois mille
cinq cents soldats de pied, levés dans toutes les parties de la France. Le 13 août, toute cette assemblée,
qui montait à quinze mille hommes à peu près, et qui
devait combiner ses mouvemens avec ceux des Vénitiens,
arriva sous les murs d'Arezzo, et mit aussitôt le siége
devant la ville.

La position de Ludovic Sforza était terrible, et il portait à cette heure la peine de l'imprudence qu'il avait
commise en appelant les Français en Italie : tous les alliés sur lesquels il croyait pouvoir compter lui man-
quaient à la fois, soit qu'ils fussent occupés de leurs propres affaires, soit qu'ils fussent intimidés par le puissant
ennemi que s'était fait le duc de Milan. En effet, Maximilien, qui lui avait promis de lui envoyer quatre cents
lances, au lieu de reprendre les hostilités interrompues
avec Louis XII, venait de se liguer avec le cercle de

LES BORGIA.

Souabe pour faire la guerre aux Suisses, qu'il avait déclarés rebelles à l'empire. Les Florentins, qui s'étaient engagés à lui fournir trois cents hommes d'armes et deux mille hommes d'infanterie s'il voulait les aider à reprendre Pise, venaient de retirer leur parole sur les menaces que leur avait faites Louis XII, et avaient promis à ce souverain de rester neutres. Enfin Frédéric, qui gardait ses troupes pour ses propres états, parce qu'il se figurait avec raison que, Milan conquise, il aurait de nouveau à défendre Naples, ne lui envoyait, malgré ses promesses, aucun secours, ni d'hommes ni d'argent. Ludovic Sforza en était donc réduit à ses propres forces.

Cependant, comme c'était un homme puissant dans les armes et habile dans la ruse, il ne se laissa point abattre du premier coup, et fit fortifier en toute diligence Annone, Novare et Alexandrie, envoya Cajazzo avec quelques troupes dans la partie du Milanais qui confine aux états de Venise, et ramena sur le Pô tout ce qu'il avait de forces. Mais ces précautions furent inutiles contre l'impétuosité française : en quelques jours Arezzo, Annone, Novare, Voghiera, Castelnuovo, Ponte-Corona, Tortone et Alexandrie furent prises, et Trivulce marcha sur Milan.

En voyant cette conquête rapide et ces victoires multipliées, Ludovic Sforze, désespérant de tenir dans sa capitale, résolut de se retirer en Allemagne avec ses enfans, le cardinal Ascanio son frère, et son trésor, qui en huit ans était tombé de quinze cent mille à deux cent mille ducats. Mais avant de partir il laissa la garde du château de Milan à Bernardino da Corte. En vain ses amis lui dirent de se défier de cet homme, en vain son frère Ascanio s'offrit-il de s'enfermer dans cette forteresse, s'engageant à y tenir jusqu'à la dernière extrémité : Ludovic ne voulut rien changer à cette disposition, et partit le 2 septembre, laissant dans la citadelle trois mille hommes de pied, et assez de vivres, de munitions et d'argent, pour soutenir un siége de plusieurs mois.

Le surlendemain de ce départ, les Français entrèrent à Milan. Dix jours après, sans qu'il fût tiré contre lui un seul coup de canon, Bernardino da Corte rendit le château. Vingt-un jours avaient suffi aux Français pour s'emparer des places de la capitale et de tous les états de leur ennemi.

Louis XII reçut à Lyon la nouvelle du succès de ses armes, et partit aussitôt pour Milan, où il fut accueilli avec toutes les démonstrations d'une joie sincère. Tous les ordres de citoyens s'étaient avancés jusqu'à trois milles hors des portes pour le recevoir, et quarante enfans revêtus de drap d'or et de soie, le précédèrent en chantant des hymnes des poètes de l'époque, qui l'appelaient le roi libérateur et l'envoyé de la liberté. Cette grande joie des Milanais venait de ce que les partisans de Louis XII avaient répandu d'avance le bruit que le roi de France était assez riche pour abolir tous les impôts. En effet, dès le lendemain de son entrée dans la ville, le vainqueur fit sur eux une légère réduction, accorda de grandes grâces à plusieurs gentilshommes milanais, et donna à Trivulce, pour le récompenser de cette rapide et glorieuse campagne, la ville de Vigavano.

LES BORGIA.

Cependant César Borgia, qui avait suivi Louis XII
pour avoir sa part de la grande curée italienne, le vit à
peine arrivé au but qu'il se proposait, qu'il réclama de
lui la promesse qu'il lui avait faite, promesse que le
roi de France, avec sa loyauté toute proverbiale, se hâta
d'accomplir. En effet, il mit à l'instant même à la disposition de César Borgia trois cents lances, comman-
dées par Yves d'Allègre, et quatre mille Suisses, sous les
ordres du bailly de Dijon, pour l'aider à réduire *les vicaires de l'église.*

Expliquons à nos lecteurs ce que c'était que les nouveaux personnages que nous introduisons en scène et que
nous désignons sous ce nom.

Pendant les éternelles guerres des Guelfes et des Gibelins, et pendant le long exil des papes à Avignon, la plus
part des villes ou des forteresses de la Romagne avaient
été conquises ou usurpées par de petits tyrans, qui
avaient pour la plupart reçu de l'empire l'investiture de
leurs nouvelles possessions; mais depuis que l'influence
allemande avait repassé les monts, et que les papes avaient
refait de Rome le centre du monde chrétien, tous ces
petits princes, privés de leur appui primitif, s'étaient ralliés
au saint-siége, avaient reçu une nouvelle investiture des
mains pontificales, et payaient une redevance annuelle,
grâce à laquelle ils recevaient le titre particulier de ducs,
de comtes ou de seigneurs, et la dénomination générale de
vicaires de l'église.

Or il avait été facile à Alexandre VI, en relevant
scrupuleusement les faits et gestes de chacun de ces me-

sieurs depuis sept ans, c'est-à-dire depuis son exaltation au trône de saint Pierre, de trouver dans la conduite de chacun d'eux quelque petite infraction au traité
passé entre les vassaux et le suzerain ; il avait donc présenté ses griefs devant un tribunal établi à cet effet, et
obtenu des juges sentence, qui déclarait que les vicaires
de l'église, ayant manqué aux conditions de leur investiture, étaient dépouillés de leurs domaines, qui rentraient
en la possession du saint-siége ; mais comme le pape
avait affaire à des hommes contre lesquels il était plus
facile de porter un pareil jugement que de l'exécuter, il
avait nommé, pour son capitaine général, et avec charge
de les recouvrer pour lui-même, le nouveau duc de Valentinois.

Ces seigneurs étaient les *Malatesti* de Rimini, les
Sforza de Pesaro, les *Manfredi* de Faenza, les *Riarii*
d'Immola et de Forli, les *Varani* de Camerino, les *Montefeltri* d'Urbin, et les *Caëtani* de Sermonetta.

Cependant le duc de Valentinois, pour entretenir dans
toute sa chaleur la bonne amitié que lui portait son parent
et allié Louis XII, était, comme nous l'avons dit, resté avec
lui à Milan pendant le temps de son séjour en cette ville ;
mais, après un mois d'occupation en personne, le roi de
France ayant repris le chemin de sa capitale, le duc de
Valentinois donna ordre à ses hommes d'armes et à ses
Suisses d'aller l'attendre entre Parme et Modène, et partit
en poste pour Rome, afin d'exposer de vive voix ses projets à son père et de prendre ses dernières instructions.

Il trouva en arrivant que la fortune de sa sœur Lu-

LES BORGIA.

crèce avait fort grandi pendant son absence, non pas du
côté de son mari Alphonse, dont, au contraire, grâce aux
succès du roi Louis XII, l'avenir était fort certains, ce
qui avait amené un refroidissement entre lui et Alexandre,
mais du côté de son père, sur lequel elle exerçait à cette
heure une influence plus merveilleuse que jamais. En effet, le pape avait déclaré Lucrèce Borgia d'Aragon gou-
vernante à vie de Spolète et de son duché, avec tous les
émolumens, droits et rentes qui en dépendaient; charge
qui avait tellement accru sa puissance et agrandi sa position, qu'elle ne se montrait plus en public qu'avec un
cortége de deux cents chevaux, montés par les plus illustres dames et les plus nobles cavaliers de Rome. De plus,
comme le double amour de son père pour elle n'était un
secret pour personne, les premiers prélats de l'église,
les habitués du Vatican, les intimes de sa sainteté, s'é-
taient faits ses plus humbles serviteurs; si bien qu'on
voyait des cardinaux lui donner la main quand elle descendait de sa litière ou de son cheval, et que des archevêques se disputaient l'honneur de lui dire la messe dans
ses appartemens.

Cependant il avait fallu que Lucrèce quittât Rome
pour prendre possession de ses nouveaux états; mais
comme son père ne pouvait se passer long-temps de la
présence de sa fille chérie, il résolut de se mettre en
possession de la ville de Nepi, qu'il avait autrefois donnée, comme on se le rappelle sans doute, à Ascanio Sforza,
pour acheter son suffrage. Ascanio avait perdu naturellement cette ville en s'attachant à la fortune de son frère,

CRIMES CÉLEBRES

le duc de Milan ; et comme le pape allait la reprendre ,
il invita sa fille Lucrèce à venir l'y rejoindre et à assister
aux fêtes de sa remise en possession.

L'empressement que mit Lucrèce à se rendre aux désirs de son père lui valut de sa part un nouveau don :
c'était la ville et le territoire de Sermoneta, qui appartenaient aux Caëtani. Il est vrai que ce don resta encore
secret, attendu qu'il fallait se débarrasser d'abord des
deux possesseurs de cette seigneurie, qui étaient l'un
monsignor Jacomo Caëtano, protonotaire apostolique, et
l'autre un jeune cavalier plein d'espérances, nommé
Prospero Caëtano ; mais comme tous deux habitaient
Rome et étaient sans défiance, se croyant, l'un par sa
place, l'autre par son courage, en pleine faveur près de
sa sainteté, on jugea que la chose ne présentait pas
grande difficulté. En effet, aussitôt le retour d'Alexandre
à Rome, sous prétexte de je ne sais quel délit, Jacomo
Caëtano fut arrêté et conduit au château Saint-Ange, où
il mourut bientôt empoisonné, et Prospero Caëtano fut
étranglé dans sa maison. En vertu de cette double mort,
si rapide qu'elle n'avait donné ni à l'un ni à l'autre le
temps de faire un testament, le pape déclara Sermoneta
et tous les autres biens relevant des Caëtani dévolus à la
chambre apostolique, laquelle chambre les vendit à Lucrèce moyennant la somme de quatre-vingt mille écus,
que son père lui rendit le lendemain du jour où elle les lui
avait payés. Quelque hâte qu'eût mise César Borgia , il
trouva donc, en arrivant à Rome, que son père l'avait
devancé dans le commencement de ses conquêtes.

LES BORGIA.

Une autre fortune avait encore prodigieusement grandi pendant son séjour en France; c'était celle de Jean Borgia, neveu du pape, et qui avait été jusqu'à sa mort l'un des plus fidèles amis du duc de Gandie. Au reste, on disait tout haut à Rome que le jeune cardinal devait les faveurs dont le comblait sa sainteté encore moins à la mémoire du frère qu'à la protection de la sœur. C'étaient deux motifs pour que Jean Borgia devînt particulièrement suspect à César : aussi fut-ce en faisant le serment intérieur de ne pas le laisser jouir long-temps de cette dignité que le duc de Valentinois apprit que son cousin Jean venait d'être nommé cardinal *à latere* de tout le monde chrétien, et était parti de Rome pour faire une tournée dans les états pontificaux avec une suite d'archevêques, d'évêques, de prélats et de cavaliers, telle, qu'elle eût fait honneur au pape lui-même.

César n'était venu à Rome que pour prendre langue : aussi n'y resta-t-il que trois jours, et, emmenant toutes les forces dont sa sainteté pouvait disposer, il rejoignit son armée sur les bords de l'Enza, et marcha aussitôt avec elle sur Imola, laquelle, abandonnée de ses maîtres, qui s'étaient retirés à Forli, fut obligée de se rendre à composition. Imola prise, César marcha aussitôt sur Forli.

Là une résistance sérieuse l'arrêta ; et cependant cette résistance venait de la part d'une femme : Catherine Sforza, veuve de Jérôme et mère d'Ottaviano Riario, s'était retirée dans cette ville, et avait exalté le courage de la garnison en se mettant, corps et biens, sous sa garde. **César**

CRIMES CÉLÈBRES.

vit donc qu'il ne s'agissait plus là d'un coup de main,
mais d'un siége en règle : aussi commença–t–il à faire
toutes ses dispositions en conséquence, et, plaçant une
batterie de canon en face de l'endroit où les murailles lui
paraissaient les plus faibles, il ordonna de faire un feu
non interrompu jusqu'à ce que la brèche fût praticable.

En revenant de donner cet ordre, il trouva au camp le
cardinal Jean Borgia, qui se rendait de Ferrare à Rome,
et qui n'avait point voulu passer si près de lui sans lui
faire visite : César le reçut avec toute l'effusion d'une joie
apparente, et le garda trois jours près de lui; le quatrième, il réunit tous ses officiers et ses courtisans dans
un grand repas d'adieu, et, ayant chargé son cousin de
dépêches pour le pape, il prit congé de lui avec toutes
les marques d'affection qu'il lui avait données à son arrivée.

Le cardinal Jean Borgia avait pris la poste en sortant
de table, lorsqu'en arrivant à Urbin il se trouva pris d'une
indisposition si subite et si étrange, qu'il fut forcé de s'arrêter : néanmoins, au bout de quelques instants, se sentant un peu mieux, il reprit sa route; mais, à peine entré à
Rocca Contrada, il se trouva de nouveau si mal, qu'il résolut de ne pas aller plus loin, et demeura deux jours dans
cette ville. Enfin, sentant un peu d'amélioration dans son
état, et ayant appris que Forli était prise, et que Catherine
Sforza, en essayant de se retirer dans le château, avait
été faite prisonnière, il résolut de retourner vers César,
pour le féliciter de sa victoire; mais à Fossombrune,
quoiqu'il eût substitué une litière à sa voiture, force lui

LES BORGIA.

fut de s'arrêter une troisième fois, ce fut sa dernière halte ; le même jour il se coucha pour ne plus se relever ; trois jours après il était mort.

Son corps fut porté à Rome, et enseveli sans aucune pompe dans l'église de Santa-Maria-del-Popolo, où l'attendait le cadavre de son ami, le duc de Gandie, et cela sans que, malgré la haute fortune du jeune cardinal, on en parlât davantage que s'il n'avait jamais existé ; car ainsi s'en allait sombrement et sans bruit tout ce qui était emporté par le torrent des ambitions de cette terrible trinité qu'on appelait Alexandre, César et Lucrèce.

Presqu'en même temps un autre assassinat épouvanta Rome. Don Giovani Cerviglione, cavalier de' naissance et brave soldat, capitaine des hommes d'armes de sa sainteté, fut, en revenant de souper chez don Élisée Pignatelli, chevalier de Saint-Jean, attaqué par des sbires, dont l'un lui demanda son nom, et, comme il le disait, voyant qu'il ne se trompait pas, lui enfonça son poignard dans la poitrine, tandis qu'un autre, du revers de son épée, lui abattait la tête, qui tomba aux pieds du corps avant que le corps fût tombé lui-même.

Le gouverneur de Rome porta plainte de cet assassinat au pape ; mais, ayant vu, à la manière dont sa sainteté avait reçu l'avis, que mieux aurait valu pour lui n'en point parler, il arrêta les recherches qu'il avait commencées ; de sorte qu'aucun des meurtriers ne fut arrêté. Seulement le bruit se répandit que, pendant le court séjour qu'il avait fait à Rome, César avait obtenu un rendez-vous de la femme de Cerviglione, qui était une Borgia, et que

son mari, ayant appris cette infraction à ses devoirs,
s'était emporté jusqu'à la menacer, elle et son amant :
cette menace avait été rapportée à César, qui, mettant le
bras de Micheletto au bout du sien, avait de Forli frappé
Cerviglione au milieu de Rome.

Une autre mort inattendue suivit de si près celle de
don Giovani Cerviglione, que l'on ne manqua point de
l'attribuer sinon à la même cause, du moins à la même
source. Monseigneur Agnelli de Mantoue, archevêque de
Cosenza, clerc de la chambre et vice-légat de Viterbe,
étant tombé, sans qu'on sût pourquoi, dans la disgrâce de
sa sainteté, fut empoisonné à sa propre table, où il avait
passé une partie de la nuit à causer joyeusement avec
trois ou quatre convives, tandis que la mort se glissait
déjà sourdement dans ses veines; si bien que, s'étant couché en pleine santé, on le trouva le lendemain expiré dans
son lit. Aussitôt trois parts furent faites de ses biens : les
terres et les maisons furent au duc de Valentinois; François Borgia, fils du pape Calixte III, eut l'évêché, et la
place de clerc de la chambre fut vendue moyennant cinq
mille ducats à Ventura Bennassai, marchand siennois,
lequel, ayant versé cette somme entre les mains d'Alexandre, vint le même jour habiter le Vatican.

Cette dernière mort fixa un nouveau point de droit
en suspens jusqu'alors : comme les héritiers de monseigneur Agnelli avaient fait quelques difficultés pour se
laisser exproprier, Alexandre rendit un bref qui enlevait
à tout cardinal et à tout prêtre la faculté de tester, et qui
déclara que tous les biens vacans lui étaient dévolus.

LES BORGIA.

Cependant César Borgia fut arrêté court au milieu de ses victoires. Grâce aux deux cent mille ducats restés dans son trésor, Ludovic Sforza avait levé cinq cents gens d'armes bourguignons et huit mille fantassins suisses, avec lesquels il était rentré en Lombardie. Trivulce avait donc été forcé, pour faire face à l'ennemi, de rappeler Ives d'Alègre et les troupes que Louis XII avait prêtées à César; en conséquence, César mit une partie des soldats pontificaux qu'il avait amenés avec lui en garnison à Immola et à Forli, et reprit avec le reste la route de Rome.

Alexandre voulut que son entrée fût un triomphe : ayant donc appris que les fourriers de l'armée n'étaient plus qu'à quelques lieues de la ville, il fit envoyer par des coureurs l'invitation aux ambassadeurs des princes, aux cardinaux, aux prélats, aux barons romains et aux ordres de la cité, d'aller au-devant du duc de Valentinois avec toute leur suite, afin de solenniser le retour du vainqueur : or, comme la bassesse de ceux qui obéissent est toujours plus grande que l'orgueil de ceux qui commandent, ces ordres furent non seulement remplis, mais dépassés.

L'entrée de César avait eu lieu le 26 de février de l'an 1500, et quoique ce fût en pleine époque de Jubilé, les fêtes du carnaval n'en commencèrent pas moins, plus bruyantes et plus licencieuses encore que d'habitude; aussi, dès le lendemain, sous le voile d'une mascarade, le vainqueur prépara une nouvelle fête à son orgueil; et, comme s'il devait s'approprier la gloire, le génie et la fortune du grand homme dont il portait le nom, il

CRIMES CÉLÈBRES.

résolut de représenter le triomphe de César sur la place
de Navonne, lieu ordinaire des fêtes du carnaval. En conséquence, il partit le lendemain de cette place pour parcourir toutes les rues de Rome avec des costumes et des
chars antiques, debout dans le dernier, vêtu de la robe
des anciens empereurs, le front couronné du laurier d'or,
et entouré de licteurs, de soldats et d'enseignes, ces derniers portant des bannières où était écrite cette devise :
Aut Cæsar aut nihil.

Enfin, le quatrième dimanche de Carême, le pape con-
féra à César cette dignité, si long-temps enviée par lui,
de général et gonfalonier de la sainte église.

Pendant ce temps Sforza avait traversé les Alpes et
passé le lac de Côme, au milieu des acclamations de joie
de ses anciens sujets qui avaient promptement perdu tout,
l'enthousiasme que leur avait d'abord inspiré l'armée française et les promesses de Louis XII. Ces démonstrations
de joie éclatèrent avec une telle force dans Milan, que,
Trivulce, jugeant qu'il n'y avait pas sûreté pour la garnison française à rester dans cette ville, se retira vers
Novare. L'expérience lui prouva qu'il ne s'était pas
trompé ; car à peine les Milanais le virent-ils faire les
dispositions de son départ, qu'une sourde fermentation
courut par toute la ville ; bientôt les rues se remplirent
d'hommes armés. Il fallut traverser cette foule grondante
l'épée à la main et la lance en arrêt ; et encore, à peine
les Français eurent-ils franchi les portes, que le peuple
se répandit par la campagne, poursuivant cette armée de
ses cris et de ses huées jusque sur les rives du Tésin.

LES BORGIA.

Trivulce laissa à Novare quatre cents lances, plus les trois mille Suisses qu'Yves d'Alègre lui ramenait de la Romagne, et se dirigea avec le reste de son armée vers Mortara, où il s'arrêta enfin pour attendre le secours qu'il avait fait demander au roi de France. Derrière lui le cardinal Ascagne et le duc Ludovic rentrèrent à Milan au milieu des acclamations de toute la ville.

Ni l'un ni l'autre ne perdirent de temps, et, voulant mettre à profit cet enthousiasme, Ascagne se chargea d'assiéger le château de Milan, tandis que Ludovic passa le Tésin et vint attaquer Novare.

Assiégés et assiégeans se trouvèrent alors enfans de la même nation ; car à peine Yves d'Alègre avait-il avec lui trois cents Français, et Ludovic cinq cents Italiens. C'est qu'en effet, depuis six ans, les Suisses étaient devenus les seuls fantassins de l'Europe, et toutes les puissances indistinctement puisaient, l'or à la main, dans le vaste réservoir de leurs montagnes. Il en résultait que ces rudes enfans de Guillaume Tell, mis ainsi à l'enchère par les nations, conduits par leurs engagemens divers de leurs pauvres et âpres montagnes dans les pays les plus riches et les plus voluptueux, tout en gardant leur courage, avaient perdu, au frottement des peuples étrangers, cette antique rigidité de principes qui les avait fait citer longtemps comme des modèles d'honneur et de bonne foi, et étaient devenus une espèce de marchandise toujours prête à se vendre au dernier enchérisseur. Ce furent les Français qui firent les premiers l'expérience de cette vénalité, qui devait être plus tard si fatale à Ludovic Sforza.

CRIMES CÉLÈBRES.

En effet, les Suisses de la garnison de Novare s'étant
mis en communication avec ceux de leurs compatriotes
qui formaient les avant-postes de l'armée ducale, et ayant
appris que ceux-ci, qui ne connaissaient pas encore l'épuisement prochain du trésor de Ludovic, étaient mieux
nourris et mieux payés qu'eux, s'engagèrent à livrer la
ville et à passer sous les drapeaux milanais, si l'on voulait leur assurer la même solde. Ludovic, comme on
le pense bien, accepta le marché. Novare lui fut remise,
moins la citadelle, gardée par les Français, et l'armée ennemie se trouva recrutée de trois mille hommes. Ludovic alors fit la faute, au lieu de marcher sur Mortara
avec ce nouveau renfort, de s'arrêter pour assiéger le
château. Il résulta de ce délai, que Louis XII, qui avait
reçu les courriers de Trivulce, et qui avait compris le
danger de sa position, avait hâté le départ de la gendarmerie française, déjà réunie pour passer en Italie, avait
envoyé le bailli de Dijon lever de nouveaux Suisses, et
avait ordonné au cardinal d'Amboise, son premier ministre, de passer les Alpes, et de s'établir à Asti pour
presser le rassemblement de l'armée. Le cardinal y
trouva un noyau de trois mille hommes, La Trimouille
lui amena quinze cents lances et six mille fantassins français; enfin le bailli de Dijon y arriva avec dix mille Suisses; de sorte qu'y compris les troupes que Trivulce avait
avec lui à Mortara, Louis XII se trouva avoir au-delà des
monts la plus belle armée qu'un roi de France y eût jamais mise en bataille. Aussitôt, par une marche habile,
et avant même que Ludovic fût informé de son rassem-

LES BORGIA.

blement et de sa puissance, cette armée vint se placer entre Novare et Milan, coupant au duc toute communication avec sa capitale. Force fut donc au duc, malgré son infériorité numérique, de s'apprêter à livrer une bataille.

Mais il arriva que, comme les préparatifs pour une affaire décisive se faisaient des deux côtés, la diète, qui avait été instruite que les fils des mêmes cantons étaient sur le point de s'égorger, envoya l'ordre à tous les Suisses servant, tant dans l'armée du duc de Milan que dans celle du roi de France de rompre leur engagement · et de revenir dans leur patrie. Mais pendant les deux mois d'intervalle qui s'étaient écoulés entre la reddition de Novare et l'arrivée de l'armée française devant cette ville, les choses, par l'épuisement du trésor de Ludovic Sforza, avaient bien changé de face. De nouveaux pourparlers avaient eu lieu aux avant-postes, et cette fois, grâce à l'argent envoyé par Louis XII, c'étaient les Suisses au service de la France qui se trouvaient être mieux nourris et mieux payés que leurs compatriotes. Or les dignes Helvétiens, depuis qu'ils ne se battaient plus pour la liberté, savaient trop bien le prix de leur sang pour en répandre une seule goutte, si cette goutte n'était pas payée au poids de l'or : il en résulta qu'après avoir trahi Yves d'Alègre, ils se résolurent à trahir Ludovic ; et tandis que les recrues faites par le bailli de Dijon demeuraient fermes sous les drapeaux de la France, malgré l'injonction de la diète, les auxiliaires de Ludovic déclarèrent qu'en combattant contre leurs frères

CRIMES CÉLEBRES.

ils se rendaient coupables de rébellion aux ordres de la
diète, et, partant, s'exposaient à une punition capitale
que le paiement immédiat de leur solde arriérée pourrait
seul les engager à encourir. Le duc, qui avait épuisé jusqu'à son dernier ducat, et qui se trouvait séparé de sa
capitale, dont une victoire seule pouvait lui rouvrir le
chemin, promit aux Suisses non seulement leur solde
arriérée, mais le double de cette solde, s'ils voulaient faire
avec lui un dernier effort. Malheureusement cette promesse était soumise aux chances douteuses d'une bataille, et les Suisses déclarèrent que décidément ils res-
pectaient trop leur patrie pour désobéir à ses ordres, et
qu'ils aimaient trop leurs frères pour répandre gratis
leur sang ; qu'en conséquence Sforza n'eût plus à compter
sur eux, attendu qu'ils étaient décidés à reprendre, le
lendemain même, le chemin de leurs cantons. Alors le
duc, voyant que tout était perdu pour lui, et faisant un
dernier appel à leur honneur, les adjura du moins de
pourvoir à sa sûreté en le comprenant dans la capitulation qu'ils allaient faire. Mais ceux-ci répondirent que
cette clause rendrait la capitulation sinon impossible, du
moins la priverait des avantages qu'ils avaient droit d'attendre, et sur lesquels ils comptaient pour les indemniser
de l'arriéré de leur solde. Cependant, faisant semblant
de se laisser toucher à la fin par les prières de celui dont
ils avaient si long-temps suivi les ordres, ils lui offrirent
de le cacher sous leurs habits et dans leurs rangs. Cette
proposition était illusoire : Sforza, étant déjà vieux et court
de taille, ne pouvait manquer d'être reconnu au milieu

LES BORGIA.

d'hommes dont le plus âgé n'avait pas trente ans, et le plus petit moins de cinq pieds six pouces. Cependant c'était sa dernière ressource : aussi, sans le repousser tout-à-fait, chercha-t-il un moyen, en la modifiant, de l'employer avec efficacité. C'était de se déguiser en cordelier, et monté sur un mauvais cheval, de se faire passer pour leur chapelain ; quant à Galéas de San-Severino, qui commandait sous lui, et à ses deux frères, comme ils étaient tous trois de haute taille, ils prirent des costumes de soldats, espérant passer inaperçus dans les rangs suisses.

Ces dispositions étaient à peine arrêtées, que le duc reçut avis que la capitulation était signée entre Trivulce et les Suisses. Ceux-ci, qui n'avaient rien stipulé en faveur du duc et de ses généraux, devaient passer le lendemain avec armes et bagages au milieu des soldats français : la dernière ressource du malheureux Ludovic et de ses généraux était donc de se confier à leur déguisement. Ce fut effectivement ce qu'ils firent. San-Severino et ses frères prirent rang dans les lignes des fantassins, et Sforza, enveloppé dans sa robe de moine et son capuchon rabattu jusque sur les yeux, se plaça au milieu des bagages.

L'armée commença de défiler ; mais les Suisses, après avoir fait argent de leur sang, avaient songé à faire argent de leur honneur. Les Français étaient prévenus du déguisement de Sforza et de ses généraux. Aussi tous quatre furent-ils reconnus, et Sforza fut arrêté par La Trimouille lui-même.

CRIMES CÉLÈBRES.

On dit que le prix de cette trahison fut la ville de Bel-
linzona, qui appartenait aux Français, et dont les Suisses,
en se retirant dans leurs montagnes, s'emparèrent sans
que Louis XII fît rien par la suite pour la leur reprendre.

Lorsque Ascanio Sforza, qui, ainsi que nous l'avons dit,
était resté à Milan, apprit la nouvelle de cette lâche dé-
sertion, il jugea que la partie était perdue, et que ce
qu'il avait de mieux à faire était de fuir avant que, par
un de ces reviremens si familiers à la populace, il ne se
retrouvât peut-être prisonnier des anciens sujets de son
frère, à qui l'idée pouvait venir de racheter leur pardon
au prix de sa liberté : en conséquence, il s'enfuit nuitam-
ment avec les principaux chefs de la noblesse gibeline, et
prit la route de Plaisance, pour gagner le royaume de
Naples. Mais, arrivé à Rivolta, il se souvint qu'il avait dans
cette ville un vieil ami d'enfance, nommé Conrad Lando,
qu'aux jours de sa puissance il avait comblé de biens ;
comme lui et ses compagnons étaient extrêmement fatigués,
il résolut de lui demander l'hospitalité pour une nuit.
Conrad les reçut avec toutes les démonstrations de la joie
la plus vive, et mit sa maison et ses serviteurs à leur disposition. Mais à peine furent-ils couchés, qu'il envoya
un courrier à Plaisance, pour prévenir Carlo Orsini, qui
commandait la garnison vénitienne, qu'il était prêt à lui
livrer le cardinal Ascagne et les principaux chefs de l'armée milanaise. Carlo Orsini, ne voulant remettre à personne une expédition de cette importance, monta aussitôt à cheval avec vingt-cinq hommes, et, ayant fait envelopper la maison de Conrad, entra l'épée à la main dans la

LES BORGIA.

chambre où étaient le cardinal Ascagne et ses compagnons, qui, surpris au milieu de leur sommeil, se rendirent sans faire de résistance. Les prisonniers furent conduits à Venise; mais Louis XII les réclama, et ils lui furent livrés.

Ainsi le roi de France se trouva maître de Ludovic Sforza et d'Ascagne, d'un neveu légitime du grand François Sforza, nommé Hermès, de deux bâtards nommés Alexandre et Contino, enfin de François, fils du malheureux Jean Galéas, qui avait été empoisonné par son oncle.

Louis XII, pour en finir d'un seul coup avec toute la famille, contraignit François à entrer dans un cloître, fit jeter Alexandre, Contino et Hermès dans une prison, enferma le cardinal Ascagne dans la tour de Bourges, et enfin, après avoir transféré le malheureux Ludovic de la forteresse de Pierre-encise, au Lys Saint-Georges, il le relégua définitivement au château de Loches, où, après une captivité de dix ans au milieu de la solitude la plus profonde et du plus entier dénûment, il mourut en maudissant l'heure où l'idée lui était venue d'attirer les Français en Italie.

La nouvelle de la chute de Ludovic et de sa famille causa à Rome une joie extrême; car, en consolidant la puissance des ultramontains dans le Milanais, elle établissait celle du saint-siége dans la Romagne, puisque rien ne s'opposait plus aux conquêtes de César. Aussi des présens considérables furent-ils faits aux courriers qui vinrent annoncer cette nouvelle, qui fut publiée par toute la ville de Rome, au son des trompettes et des tambours. Aussitôt les cris de — France! France! — qui

CRIMES CÉLÈBRES.

étaient ceux de Louis XII, et les cris de — Orso ! Orso !
— qui étaient ceux des Orsini, retentirent dans toutes
les rues, qui le soir furent illuminées, comme si Constantinople ou Jérusalem était prise. De son côté, le pape
rendit au peuple des fêtes et des feux d'artifice, sans
s'inquiéter le moins du monde de ce qu'on était dans la
semaine sainte, et de ce que le jubilé avait attiré à Rome
plus de deux cent mille personnes, tant les intérêts tem-
porels de sa maison lui paraissaient devoir l'emporter sur
les intérêts spirituels de ses sujets.

Une seule chose manquait pour assurer la réussite des
vastes projets que le pape et son fils fondaient sur l'a-
mitié et l'alliance de Louis XII, c'était l'argent : mais
Alexandre n'était pas homme à s'embarrasser d'une pareille misère : il est vrai que la vente des bénéfices était
épuisée, que les impôts ordinaires et extraordinaires
étaient perçus pour toute l'année, enfin que l'héritage des
cardinaux et des prélats n'était plus que d'un bien faible
secours, les plus riches ayant été empoisonnés; mais il
restait encore à Alexandre d'autres moyens, qui, pour
être plus inusités, n'étaient pas moins efficaces.

Le premier qu'il employa fut de répandre le bruit
que les Turcs menaçaient d'envahir la chrétienté, et qu'il
savait de science certaine que l'été ne se passerait pas
sans que Bajazet débarquât deux armées considérables,
l'une dans la Romagne, et l'autre dans la Calabre : en
conséquence, il publia deux bulles, l'une pour lever dans
toute l'Europe la dixième partie des revenus ecclésiastiques, de quelque nature qu'ils fussent, l'autre pour obli-

LES BORGIA.

ger les Juifs à payer la même somme : ces deux bulles contenaient les excommunications les plus sévères contre ceux qui refuseraient de s'y soumettre, ou qui tenteraient de s'y opposer.

Le second fut de vendre des indulgences, chose qui ne s'était pas encore faite : ces indulgences pesaient sur ceux que leur santé ou leurs affaires empêchaient de venir à Rome pendant le jubilé : grâce à cet expédient, le voyage devenait inutile, et moyennant le tiers de la somme qu'il eût coûté, les péchés étaient remis tout aussi complètement que si les fidèles eussent rempli toutes les conditions de leur pèlerinage. On établit pour la perception de cette taxe une véritable armée de collecteurs, dont un certain Ludovic de la Torre fut nommé le chef. Les sommes qu'Alexandre fit rentrer dans le trésor pontifical par ce moyen sont incalculables, et on en aura une idée lorsqu'on saura que le territoire de Venise paya à lui seul sept cent quatre-vingt-dix-neuf mille livres pesant d'or.

Cependant, comme les Turcs firent effectivement quelques démonstrations du côté de la Hongrie, et que les Vénitiens craignaient qu'ils n'arrivassent jusqu'à eux, ils firent demander du secours au pape : alors le pape ordonna que dans tous ses états on dît, à l'heure de midi, un *Ave Maria,* pour prier Dieu d'éloigner le danger qui menaçait la sérénissime république. Ce fut la seule aide que les Vénitiens obtinrent de sa sainteté, en échange des sept cent quatre-vingt-dix-neuf mille livres pesant d'or qu'il avait reçues d'eux.

Cependant, comme si Dieu eût voulu faire connaître à
son étrange représentant qu'il était irrité d'une pareille
raillerie des choses saintes, la veille de la Saint-Pierre,
au moment où Alexandre passait près du Campanile, se
rendant à la tribune des bénédictions, une pièce de fer
énorme s'en détacha et tomba à ses pieds; mais, comme si
un seul avertissement n'eût point été une admonestation
suffisante, le lendemain, jour de la Saint-Pierre, au moment où le pape était dans une des chambres de son appartement habituel, avec le cardinal Capuano et monseigneur Poto, son camérier secret, il vit par les croisées
ouvertes s'amasser un nuage si noir, que, prévoyant une
tempête, il ordonna au cardinal et au camérier de fermer
les fenêtres. Le pape ne s'était pas trompé; car, comme ils
obéissaient à cet ordre, il vint un si furieux coup de vent,
que la plus haute cheminée du Vatican, renversée ainsi
qu'un arbre qui se déracine, s'écroula sur le toit, qu'elle enfonça, et, brisant le plancher supérieur, vint tomber dans
la chambre même où ils se trouvaient. A cette chute, qui fit
trembler tout le Palais, et au bruit qu'ils entendirent
derrière eux, le cardinal Capuano et monseigneur Poto se
retournèrent, et, voyant la chambre pleine de poussière et
de débris, ils sautèrent à l'instant même sur les parapets
des fenêtres, en criant aux gardes de la porte: — Le pape
est mort! le pape est mort! — A ces cris, on accourut, et
l'on trouva trois personnes étendues dans les décombres,
l'une morte et les deux autres mourantes : **le mort était
un gentilhomme siennois, nommé Laurent Chigi, et les
mourans deux commensaux du Vatican ; ils passaient

dans l'étage supérieur, et avaient été entraînés avec les
débris. Cependant on ne trouvait point Alexandre; et attendu qu'il ne répondait pas quoiqu'on l'appelât sans cesse,
la croyance qu'il avait péri se confirma et se répandit
bientôt par la ville. Mais au bout d'un certain temps,
comme il n'était qu'évanoui et qu'il commençait à revenir
à lui, on l'entendit se plaindre, et on le découvrit tout
étourdi du coup et blessé, quoique non dangereusement,
en plusieurs parties du corps. Une espèce de miracle l'avait
sauvé : la poutre, qui s'était brisée par le milieu, avait
laissé chacun de ses bouts dans les murs latéraux, et l'un
de ces bouts avait formé un toit au-dessus du trône pontifical ; de sorte que le pape, qui y était assis en ce moment, avait été protégé par cette voûte, et n'avait reçu
que quelques contusions.

Les deux nouvelles contradictoires de la mort subite et
de la conservation miraculeuse du pape se répandirent
aussitôt dans Rome, et le duc de Valentinois, épouvanté du
changement que le moindre accident arrivé au saint
père pouvait amener dans sa fortune, accourut au Vatican, ne pouvant se rassurer qu'au témoignage de ses
propres yeux. Quant à Alexandre, il voulut rendre des
actions publiques au ciel de la protection qu'il lui avait
accordée, et se transporta le jour même, escorté par un
nombreux cortége de prélats et d'hommes d'armes,
porté sur son siége pontifical par deux valets de chambre, deux écuyers, et deux palefreniers, à l'église de
Santa-Maria-del-Popolo, dans laquelle étaient enterrés le
duc de Gandie et Jean Borgia, soit qu'il lui fût demeuré

CRIMES CÉLEBRES.

dans le cœur quelque reste de dévotion, soit qu'il y fût attiré par le souvenir de l'amour profane qu'il portait à son ancienne maîtresse, la Vanozza, laquelle, sous la figure de la Madone, était exposée à la vénération des fidèles dans une chapelle à gauche du grand autel. Arrivé devant cet autel, le pape alors fit don à l'église d'un magnifique calice dans lequel étaient trois cents écus d'or, qu'à la vue de tous le cardinal de Sienne vida dans une patène d'argent, à la grande satisfaction de la vanité pontificale.

Mais, avant de quitter Rome pour accomplir la conquête de la Romagne, le duc de Valentinois avait réfléchi combien était devenu inutile, à lui et à son père, le mariage autrefois tant désiré de Lucrèce avec Alphonse. Il y avait bien plus : le repos que prenait Louis XII en Lombardie n'était qu'une halte, et Milan était visiblement le relais de Naples. Or il était possible que Louis XII s'inquiétât de ce mariage, qui faisait du neveu de son ennemi le gendre de son allié. Au lieu de cela, Alphonse mort, Lucrèce était en position d'épouser quelque puissant seigneur de la Marche, du Ferrarais ou de la Bresse, qui pouvait seconder son beau-frère dans la conquête de la Romagne. Alphonse devenait donc non seulement dangereux, mais encore inutile; ce qui, avec le caractère des Borgia, était bien pis peut-être. La mort d'Alphonse fut résolue.

Cependant le mari de Lucrèce, qui avait depuis longtemps compris le danger qu'il courait en demeurant près de son terrible beau-père, s'était retiré à Naples. Mais, comme,

LES BORGIA.

dans leur dissimulation constante, ni Alexandre ni César n'avaient changé avec lui la nature de leurs relations, il commençait à perdre ses craintes, lorsqu'il reçut une invitation du pape et de son fils pour venir prendre sa part d'une course de taureaux à la manière espagnole, qu'ils donnaient pour fêter le départ du duc. Dans la position précaire où la maison de Naples se trouvait, il était de la politique d'Alphonse de n'offrir à Alexandre aucun prétexte de rupture ; il ne voulut donc point refuser sans motif, et se rendit à Rome. Seulement, comme on jugeait inutile de consulter Lucrèce dans cette affaire, attendu qu'elle avait, dans deux ou trois circonstances, témoigné à son mari un attachement ridicule, on la laissa tranquille dans son gouvernement de Spolette.

Alphonse fut reçu par le pape et par le duc de Valentinois avec toutes les démonstrations d'une sincère amitié, et on lui donna au Vatican même, dans le corps de logis appelé Torre-Nova, l'appartement qu'il avait déjà habité avec Lucrèce.

Une grande lice avait été préparée sur la place Saint-Pierre, dont on avait barricadé les rues, et dont les maisons environnantes offraient à leurs fenêtres des loges toutes construites. Le pape et sa cour étaient aux balcons du Vatican.

La fête commença par des tauréadores payés ; puis, lorsqu'ils eurent bien déployé leur force et leur adresse, Alphonse d'Aragon et César Borgia descendirent à leur tour dans l'arène, et, pour donner une preuve de la bonne harmonie qui régnait entre eux, décidèrent que le tau-

CRIMES CÉLÈBRES.

reau qui poursuivrait César serait tué par Alphonse, et
que celui qui poursuivrait Alphonse serait tué par César.

En effet, César étant resté seul et à cheval dans la
lice, Alphonse sortit par une porte qui avait été pratiquée, et qui demeura entrebâillée, afin qu'il pût rentrer
sans retard au moment où il jugerait sa présence nécessaire. En même temps, et du côté opposé, on introduisit
le taureau, qui fut à l'instant même couvert de dards et
de flèches, dont quelques-unes contenaient de l'artifice, et
qui, prenant feu, irritèrent le taureau au point qu'après
s'être roulé de douleur, il se releva furieux, et apercevant
un homme à cheval, il se précipita à l'instant même sur
lui. Ce fut alors, dans cette étroite arène, poursuivi par
ce rapide ennemi, que César déploya toute cette adresse
qui faisait de lui un des premiers cavaliers de l'époque.
Néanmoins, si habile qu'il fût, il n'aurait pu échapper
long-temps, dans l'espace resserré où il manœuvrait, à cet
adversaire, contre lequel il n'avait d'autre ressource que
la fuite, si, au moment où le taureau commençait à gagner sur lui, Alphonse ne fût sorti tout-à-coup, agitant
de la main gauche un manteau rouge, et tenant de la main
droite une longue et fine épée aragonaise. Il était temps ;
le taureau n'était plus qu'à quelques pas de César, et le
péril qu'il courait paraissait si imminent, qu'un cri poussé
par une femme partit de l'une des fenêtres ; mais, à la vue
d'un homme à pied, le taureau s'arrêta court, et, jugeant
qu'il aurait meilleur marché de ce nouvel ennemi que de
l'ancien, il se retourna contre lui, et, après être resté un
instant immobile, mugissant, faisant voler la poussière

avec ses pieds de derrière et battant ses flancs de sa queue,
il s'élança sur Alphonse, les yeux sanglans et labourant la
terre avec sa corne. Alphonse l'attendit tranquillement ;
puis, lorsqu'il fut à trois pas de lui, fit un bond de côté,
lui présentant au défaut de l'épaule son épée, qui disparut aussitôt jusqu'à la garde ; au même instant, le taureau, arrêté au milieu de sa course, demeura un instant
immobile et frémissant sur ses quatre jambes ; bientôt
il tomba sur ses genoux, poussa un mugissement sourd,
et, se couchant sur la place même où il avait été arrêté,
expira sans faire un seul pas de plus.

Les applaudissemens retentirent de tous côtés, tant
le coup avait été adroitement et rapidement porté. Quant
à César, il était resté à cheval, cherchant des yeux, au
lieu de s'occuper de ce qui se passait à côté de lui, la
belle spectatrice qui lui avait donné une si vive marque
d'intérêt ; sa recherche n'avait point été sans résultat,
et il avait reconnu une des demoiselles d'honneur d'Élisabeth, duchesse d'Urbin, qui était fiancée à Jean-
Baptiste Carracciolo, capitaine général de la république
de Venise.

C'était au tour d'Alphonse de courir, c'était au tour
de César de combattre : les jeunes gens changèrent donc
de rôles, et, après que quatre mules eurent, en se cabrant,
traîné hors de l'arène le cadavre du taureau, et que les valets et les serviteurs de sa sainteté eurent recouvert de
sable la place tachée de sang, Alphonse monta un magnifique cheval d'Andalousie, à l'origine arabe, léger
comme le vent, qui avait fécondé sa mère dans le désert

de Sahara , tandis que César, mettant pied à terre, se retira à son tour, pour reparaître au moment où Alphonse
courrait le même danger auquel il venait de l'arracher.

Alors un autre taureau fut introduit à son tour, excité
de la même manière avec des dards acérés et des flèches
flamboyantes. Comme le premier, en apercevant un
homme à cheval, il s'élança sur lui, et alors commença
une course merveilleuse, dans laquelle il était impossible
de savoir, tant ils passaient rapidement, si c'était le
cheval qui poursuivait le taureau, ou si c'était le taureau qui poursuivait le cheval. Cependant, après cinq
ou six tours, si rapide que fût le fils de l'Arabie, le
taureau commença à gagner sur lui, et l'on put reconnaître lequel poursuivait et lequel fuyait; si bien qu'au
bout d'un instant il n'y avait plus entre eux que la longueur de deux bois de lance, lorsque tout-à-coup César Borgia parut à son tour, armé d'une de ces longues
épées à deux mains dont les Français avaient l'habitude
de se servir; et au moment où le taureau, près de joindre
don Alphonse, passait devant lui, César, faisant flam-
boyer le glaive comme un éclair, lui abattit la tête,
tandis que le corps, emporté par sa course, allait tomber dix pas plus loin. Ce coup était si fort inattendu,
et avait été exécuté avec une telle adresse, qu'il fut accueilli, non plus par des applaudissemens, mais par des
acclamations d'enthousiasme et des cris de délire. Quant
à César, comme s'il n'eût conservé au milieu de son
triomphe que le souvenir de ce cri causé par le premier
danger qu'il avait couru, il ramassa la tête du taureau,

LES BORGIA.

et, la remettant à un de ses écuyers, lui ordonna de la déposer comme un hommage au pied de la belle Vénitienne qui lui avait donné une si vive marque d'intérêt.

Cette fête, outre le triomphe qu'elle avait valu à chacun des jeunes gens, avait encore un autre but : c'était de prouver à la foule que la meilleure harmonie régnait entre eux, puisqu'ils venaient mutuellement de se sauver la vie. Il en résultait que, si quelque accident arrivait à César, nul ne songerait à en accuser Alphonse ; de même que, si quelque accident arrivait à Alphonse, nul ne songerait à en accuser César.

Il y avait souper au Vatican : Alphonse fit une toilette élégante, et, vers les dix heures du soir, s'apprêta à passer du corps de logis qu'il habitait dans celui où demeurait le pape ; mais la porte qui séparait les deux cours était fermée, et Alphonse eut beau frapper, on ne lui ouvrit point. Alors il pensa qu'il était tout simple à lui de faire le tour par la place Saint-Pierre : étant donc sorti sans suite par une porte du jardin du Vatican, il s'achemina à travers les rues sombres qui conduisaient à l'escalier par lequel on montait à la place ; mais à peine eut-il mis le pied sur les premières marches, qu'il fut attaqué par une troupe d'hommes armés. Alphonse voulut tirer son épée ; mais, avant qu'elle ne fût hors du fourreau, il avait été frappé de deux coups de hallebarde, l'un à la tête, l'autre à l'épaule ; d'une estocade au flanc, et de deux coups de pointes, l'un à la tempe, l'autre à la jambe. Renversé par ces cinq blessures, il était tombé sans connaissance ; ses assassins, qui l'avaient cru mort, avaient aussitôt remonté l'escalier, et, ayant trouvé sur la place quarante cavaliers qui les attendaient, ils étaient tranquillement sortis sous leur protection par la porte Portèse.

Alphonse fut trouvé mourant, mais non point mort, par des passans dont quelques-uns, l'ayant reconnu, portèrent à l'instant même la nouvelle de cet assassinat au Vatican, tandis que les autres, soulevant le blessé dans leurs bras, le ramenèrent à son appartement de Torre-Nova. Le pape et César, qui avaient appris cette nouvelle au moment de se mettre à table, en avaient paru si affligés, qu'ils avaient abandonné leurs convives et s'étaient rendus à l'instant même auprès de don Alphonse, pour s'assurer si ses blessures étaient ou n'étaient pas mortelles, et dès le lendemain matin, pour détourner les soupçons qui auraient pu planer sur eux, avaient fait arrêter François Gazella, oncle maternel d'Alphonse, qui avait accompagné son neveu à Rome. Convaincu par de faux témoins qu'il était l'auteur de l'assassinat, Gazella eut la tête tranchée.

Cependant la moitié de la besogne seulement était faite : bien ou mal écartés, les soupçons l'étaient suffisamment pour qu'on n'osât point accuser de cet assassinat les véritables assassins ; mais Alphonse n'était pas mort, et grâce à la vigueur de son tempérament et à la science des médecins, qui avaient pris au sérieux les lamentations du pape et de son fils, et qui avaient cru leur être agréables en guérissant leur gendre et leur beau-frère, le blessé marchait vers sa convalescence ; en même temps la nouvelle arriva que Lucrèce, ayant appris l'accident arrivé à son mari, allait se mettre en route pour le venir joindre, et le soigner elle-même. Il n'y avait pas de temps à perdre, César fit venir Michelotto.

La même nuit, dit Burchard, *don Alphonse, qui ne voulait pas mourir de ses blessures, fut étranglé dans son lit.*

Le lendemain on lui fit des funérailles, sinon telles qu'il convenait à son rang, du moins assez décentes. Don François Borgia, archevêque de Cosenza, mena le deuil à l'église Saint-Pierre, où le cadavre fut enseveli dans la chapelle de Sainte-Marie-des-Fièvres.

La même nuit, Lucrèce arriva, elle connaissait trop bien son père et son frère pour que ce fût à elle que l'on pût faire prendre le change ; et quoique le duc de Valentinois eût fait arrêter, aussitôt la mort de don Alphonse, non seulement ses médecins et chirurgiens, mais encore un pauvre diable de bossu qui lui servait de valet de chambre, elle n'en vit pas moins d'où partait le coup ; aussi, craignant que la douleur qu'elle éprouvait cette fois bien réellement ne lui ôtât la confiance de son père et de son frère, elle se retira à Nepi avec toute sa maison, toute sa cour, et plus de six cents cavaliers, pour passer dans cette ville le temps de son deuil.

Cette grande affaire de famille réglée, et Lucrèce encore une fois veuve, et par conséquent prête à servir les nouvelles combinaisons politiques du pape, César Borgia ne resta plus à Rome que le temps d'y recevoir les ambassadeurs de France et de Venise ; mais comme ils tardaient quelque peu à arriver, et que les der-

nières fêtes données avaient fait une brèche dans le trésor
du pape, il fit une nouvelle promotion de douze cardinaux : cette promotion avait un double résultat, le premier, celui de faire entrer six cent mille ducats dans la
caisse pontificale, chaque chapeau ayant été mis à prix à
la somme de cinquante mille ducats, et le second d'assurer au pape une majorité sûre dans le sacré conseil.

Les ambassadeurs arrivèrent enfin ; le premier, qui
était M. de Villeneuve, celui-là même qui était déjà venu
au nom de la France chercher le duc de Valentinois, au
moment d'entrer dans Rome, rencontra sur la route un
homme masqué, qui, sans ôter son masque, lui témoigna
la joie qu'il éprouvait de son arrivée. Cet homme était
César lui-même, qui, ne voulant pas être reconnu, repartit après une courte conférence, et sans s'être découvert le visage. M. de Villeneuve entra derrière lui et trouva
à la porte del Popolo les ambassadeurs des différentes puissances, et même ceux d'Espagne et de Naples, dont les
souverains n'étaient point encore, il est vrai, en hostilité ouverte avec la France, mais commençaient à être en froideur.
Alors, comme ces derniers, de peur de se compromettre,
se contentaient, pour tout compliment, de dire à leur col-
lègue de France : *Monsieur, soyez le bienvenu*, le maître
des cérémonies, surpris d'un compliment aussi court,
leur demanda s'ils n'avaient rien autre chose à dire ; et
comme ils répondirent que non, M. de Villeneuve leur
tourna aussitôt le dos, en répliquant—que ceux qui n'a-
vaient rien à dire n'avaient point besoin de réponse ; —
puis, s'étant placé entre l'archevêque de Reggio, gou-

verneur de Rome, et l'archevêque de Raguse, il se rendit au palais des Saints-Apôtres, que l'on avait préparé pour sa réception.

Quelques jours après, Maria Georgi, ambassadeur extraordinaire de Venise, arriva à son tour. Il était chargé non seulement de régler avec le pape les affaires courantes, mais encore d'apporter à Alexandre et à César le titre de nobles vénitiens et l'inscription de leurs noms au Livre d'Or, faveur qu'ils avaient fort ambitionnée tous deux, moins pour la vaine gloire qu'ils en recevaient que pour l'influence nouvelle que ce titre pouvait leur donner.

Puis le pape procéda à la remise des chapeaux vendus aux douze cardinaux. Les nouveaux princes de l'église étaient *don Diègue de Mendoce*, archevêque de Séville ; *Jacques*, archevêque d'Oristagny, vicaire-général du pape ; *Thomas*, archevêque de Strigonie ; *Pierre*, archevêque de Reggio, gouverneur de Rome ; *François Borgia*, archevêque de Cosenza, trésorier-général ; *Jean*, archevêque de Salerne, vice-camerlingue ; *Louis Borgia*, archevêque de Valence, secrétaire de sa sainteté, et frère de Jean Borgia, empoisonné par César ; *Antoine*, évêque de Come ; *Jean-Baptiste Ferraro*, évêque de Modène ; *Amédée d'Albret*, fils du roi de Navarre, beau-frère du duc de Valentinois ; enfin *Marc Cornaro*, noble Vénitien, en la personne duquel sa sainteté retournait à la sérénissime république la faveur qu'elle venait d'en recevoir.

Puis, comme rien n'arrêtait plus le duc de Valenti-

CRIMES CÉLÈBRES.

nois à Rome, il ne prit que le temps de faire un emprunt à un riche banquier nommé Augustin Chigi, frère de ce Laurent Chigi qui avait péri le jour où le pape avait manqué être tué lui-même par la chute d'une cheminée, et partit pour la Romagne, accompagné de Vitellozo Vitelli, de Jean-Paul Baglione, et de Jacques de Santa-Croce, — alors ses amis, — plus tard ses victimes.

La première entreprise du duc de Valentinois fut contre Pesaro ; c'était une attention de beau-frère dont Jean Sforza, comprit toutes les conséquences ; car, au lieu d'essayer ou de défendre ses états par les armes, ou de les disputer par des négociations, ne voulant pas exposer le beau pays dont il avait été long-temps le maître à la vengeance d'un ennemi irrité, il recommanda à ses sujets de lui conserver la même affection, dans l'espérance d'une fortune meilleure, et s'enfuit en Dalmatie. Malatesta, seigneur de Rimini, suivit cet exemple ; si bien que le duc de Valentinois entra dans ces deux villes sans coup férir. César laissa garnison suffisante dans ses nouvelles conquêtes, et marcha vers Faenza.

Mais là les choses changèrent de face : Faenza était alors sous la domination d'Astor Manfredi, beau et brave jeune homme de dix-huit ans, qui, bien qu'abandonné par les Bentivogli, ses proches parens, et par les Vénitiens et les Florentins, ses alliés, lesquels, à cause de l'amitié que le roi de France portait à César, n'osèrent lui amener aucun secours, résolut, connaissant l'amour de ses sujets pour sa famille, de se défendre jusqu'à la dernière extrémité. Sachant donc que le duc de Valentinois marchait contre

LES BORGIA.

lui, il rassembla en toute hâte ceux de ses vassaux qui étaient en état de porter les armes et les quelques soldats étrangers qui voulurent bien entrer à sa solde, et, ayant amassé des vivres et des munitions, s'enferma avec eux dans la ville.

Ces préparatifs de défense inquiétèrent peu César : il avait une armée magnifique, composée des meilleures troupes de France et d'Italie, et qui, à part lui, comptait parmi ses chefs Paul et Jules Orsini, Vitellozo Vitelli, et Paul Baglione, c'est-à-dire les premiers capitaines de l'époque. Aussi, après avoir reconnu la place, commença-t-il aussitôt le siége en plaçant son camp entre les deux fleuves de l'Amona, et de Marziano, et en établissant son artillerie du côté qui regarde Forli, point sur lequel les assiégés avaient de leur côté élevé un puissant bastion.

Au bout de quelques jours de tranchée ouverte, la brèche étant devenue praticable, le duc de Valentinois ordonna l'assaut, et, montrant l'exemple à ses soldats, marcha le premier à l'ennemi. Mais, quel que fût son courage et celui des capitaines qui l'accompagnaient, Astor Manfredi fit si bonne défense, que les assiégeans furent repoussés avec grande perte de soldats, et en laissant dans les fossés de la ville Honorio Savello, un de leurs plus braves chefs.

Cependant Faenza, malgré le courage et le dévouement de ses défenseurs, n'aurait pu tenir long-temps contre une armée aussi formidable, si l'hiver ne lui était venu en aide. Surpris par la rigueur de la saison, sans maisons pour se mettre à l'abri et sans arbres pour faire du

feu, les paysans ayant démoli les unes et abattu les
autres, le duc de Valentinois fut obligé de lever le
siége et de prendre ses quartiers d'hiver dans les villes
voisines, pour être tout prêt au retour du printemps; car
César, qui ne pouvait pardonner à une petite ville, habi-
tuée à une longue paix, gouvernée par un enfant et
privée de tout secours étranger, de l'avoir tenu ainsi en
échec, avait juré de prendre sa revanche. Il sépara donc
son armée en trois parties, envoya le premier tiers à
Imola, le second à Forli, et vint avec le troisième prendre
poste à Césène, qui, d'une ville de troisième ordre
qu'elle était, se trouva tout-à-coup transformée en une
cité de luxe et de plaisir.

En effet, avec l'âme active de César, il lui fallait sans
cesse ou des guerres ou des fêtes. Aussi, la guerre interrompue, les fêtes commencèrent-elles, somptueuses et
ardentes comme il les savait faire; les jours se passaient en jeux et en cavalcades, les nuits en bals et en
amours; car les plus belles femmes de la Romagne, c'est-
à-dire du monde, étaient venues faire au vainqueur un
sérail que lui eussent envié le soudan d'Égypte et l'empereur de Constantinople.

Dans une de ces promenades que le duc de Valentinois faisait aux environs de la ville avec cette cour de
nobles flatteurs et de courtisanes titrées, qui ne le quittait jamais, il vit venir sur la route de Rimini un cortége assez nombreux pour qu'il reconnût qu'il devait
accompagner quelqu'un d'importance. Bientôt, remar-
quant que le personnage principal de ce cortége était une

LES BORGIA.

femme, César s'en approcha, et reconnut cette même demoiselle de la duchesse d'Urbin qui, le jour de la course au taureau, avait poussé un cri lorsque lui César avait failli être atteint par l'animal furieux. A cette époque, comme nous l'avons dit, elle était fiancée à Jean Carriacciolo, général des Vénitiens. Or Élisabeth de Gonzague, sa protectrice et sa marraine, l'envoyait, avec une suite digne d'elle, à Venise, où le mariage devait s'accomplir.

Déjà, à Rome, la beauté de cette jeune fille avait frappé César ; mais en la revoyant elle lui parut plus belle encore que la première fois : aussi, de ce moment, résolut-il de garder pour lui cette belle fleur d'amour, près de laquelle il s'était déjà reproché plus d'une fois d'avoir passé avec tant d'indifférence. En conséquence, il la salua comme une ancienne connaissance, s'informa si elle ne s'arrêtait point quelque temps à Césène, et apprit qu'elle ne faisait qu'y passer, marchant à grandes journées, tant elle était impatiemment attendue, et qu'elle allait coucher le même soir à Forli. C'était tout ce que voulait savoir César, qui appela Michelotto, et lui dit tout bas quelques paroles que personne n'entendit.

En effet, le cortége, ainsi que l'avait dit la belle mariée, ne fit qu'une halte à la ville voisine, et, quoique la journée fût déjà avancée, repartit aussitôt pour Forli ; mais à peine eut-il fait une lieue, qu'une troupe de cavaliers partie de Césène le rejoignit et l'enveloppa. Quoiqu'ils fussent loin d'être en force suffisante, les soldats de l'escorte voulurent défendre la femme de leur général ; mais

CRIMES CÉLÈBRES.

quelques-uns étant tombés morts, les autres, épouvantés,
prirent la fuite ; et comme la femme était descendue de
sa litière pour essayer de fuir, le chef la prit entre ses
bras, la posa devant lui sur son cheval, puis, ordonnant à
ses soldats de retourner à Césène sans lui, il mit sa monture au galop à travers terres, et, comme le crépuscule
commençait à descendre, il disparut bientôt dans l'obscurité.

Carracciolo apprit cette nouvelle par un des fuyards, qui
lui dit avoir reconnu dans les ravisseurs les soldats du duc
de Valentinois. D'abord, il crut avoir mal entendu, tant il
avait peine à croire à cette terrible nouvelle ; mais, se
l'étant fait répéter, il demeura un instant immobile et
comme frappé de la foudre ; puis tout-à-coup, sortant
de cet état de stupeur par un cri de vengeance, il s'é-
lança vers le palais ducal, où étaient réunis le doge Bar-
berigo et le conseil des Dix, et, pénétrant au milieu d'eux
sans être annoncé et au moment où eux-mêmes venaient
d'apprendre l'attentat du duc de Valentinois :

— Sérénissimes seigneurs, s'écria-t-il, je viens prendre congé de vous, résolu que je suis d'aller perdre dans
une vengeance privée, une vie que j'avais cru pouvoir
consacrer au service de la république. Je suis offensé
dans la plus noble partie de mon âme, — dans mon honneur. — On m'a volé le bien le plus cher que je pos-
sédais, — ma femme ; — et celui qui a fait cela, c'est
le plus perfide, le plus sacrilége, le plus infâme des
hommes, c'est le Valentinois ! Ne vous blessez point
messeigneurs, si je parle ainsi d'un homme qui se vante

LES BORGIA.

de faire partie de votre noblesse et d'être sous votre
protection : cela n'est pas, il ment ; et ses lâchetés et
ses crimes l'ont fait indigne de l'une et de l'autre, comme
il est indigne de la vie que je lui arracherai avec cette
épée. Il est vrai qu'un sacrilége par la naissance, qu'un
fratricide, qu'un usurpateur du bien d'autrui, qu'un oppres-
seur des innocens, qu'un assassin de grande route, qu'un
homme qui viole toutes les lois, même celle qui est respectée chez les peuples les plus barbares, l'hospitalité, qu'un
homme qui fait violence, dans ses propres états, à une
vierge qui passe, quand elle avait le droit d'attendre de
lui, au contraire, non seulement les égards dus à son sexe
et à sa condition, mais encore à la sérénissime république,
dont je suis le condottiere, et qu'il insulte en ma personne
en déshonorant ma femme ; il est vrai, dis-je, que cet
homme mérite de mourir d'une autre main que de la mienne.
Mais, comme celui qui devrait le faire punir, au lieu d'être
prince et juge, n'est qu'un père aussi coupable que le
fils, j'irai moi-même le trouver, et je sacrifierai ma vie,
non seulement à la vengeance de ma propre injure et
du sang de tant d'innocens, mais encore au salut de la sérénissime république, à l'oppression de laquelle il aspire,
après avoir accompli celle des autres princes de l'Italie. —

Le doge et les sénateurs, qui, ainsi que nous l'avons
dit, étaient déjà prévenus de l'événement qui amenait
Carracciolo devant eux, l'avaient écouté avec un grand
intérêt et une profonde indignation ; car, ainsi qu'il
l'avait dit, ils étaient insultés eux-mêmes dans la personne de leur général ; aussi lui jurèrent-ils tous, sur

leur honneur, que s'il voulait, s'en remettre à eux, au
lieu de s'abandonner à une colère qui ne pouvait que
le perdre, ou sa femme lui serait rendue sans qu'une
seule tache eût souillé son voile nuptial, ou il en serait
tiré une vengeance proportionnée à l'affront. Aussitôt,
et comme preuve de l'empressement que mettait à cette
affaire le noble tribunal, Louis Manenti, secrétaire des
Dix, fut envoyé à Imola, où l'on disait que se trouvait
le duc, afin de lui exprimer tout le déplaisir qu'éprouvait
la sérénissime république de l'outrage fait à son condottiere. En même temps, le conseil des Dix et le doge
allèrent trouver l'ambassadeur de France, le priant de se
joindre à eux et de se rendre en personne, avec Manenti,
près du duc de Valentinois, pour le sommer, au nom du
roi Louis XII, de renvoyer à l'instant même à Venise celle
qu'il avait enlevée.

Les deux messagers se rendirent à Imola, où ils trouvèrent César, qui écouta leur réclamation avec les marques du plus parfait étonnement, niant qu'il fût pour
quelque chose dans ce crime, dont il autorisait Manenti
et l'ambassadeur de France à poursuivre les auteurs,
tandis que, de son côté, il promit de faire faire les perquisi-
tions les plus actives. Le duc avait une telle apparence de
bonne foi, que les envoyés de la sérénissime république
y furent un instant trompés, et entreprirent les recherches les plus minutieuses. En conséquence, ils se rendirent sur les lieux mêmes, et commencèrent à prendre
des informations. On avait trouvé sur la grande route
les morts et les blessés. On avait vu passer un homme

LES BORGIA.

emportant une femme éplorée au grand galop de son cheval : bientôt il avait quitté le chemin frayé, et s'était élancé à travers terres. Un paysan qui revenait de travailler aux champs l'avait vu apparaître et s'évanouir comme une ombre, prenant la direction d'une maison isolée. Une vieille femme disait l'avoir vu entrer dans cette maison. Mais dans la nuit du lendemain la maison avait disparu comme par enchantement, et la charrue avait passé à sa place ; de sorte que nul ne pouvait dire ce qu'était devenue celle que l'on cherchait, puisque ceux qui habitaient la maison, et même la maison, n'étaient plus là.

Manenti et l'ambassadeur de France revinrent à Venise, racontant ce que le duc de Valentinois leur avait dit, ce qu'ils avaient fait, et comment leurs recherches avaient été sans résultat. Nul n'eut aucun doute que César ne fût le coupable ; mais nul aussi ne put lui prouver qu'il l'était. En conséquence, la sérénissime république, qui, à cause de sa guerre contre les Turcs, ne pouvait se brouiller avec le pape, défendit à Carracciolo de tirer aucune vengeance particulière de cet événement, dont le bruit s'éteignit peu à peu, et dont on finit par ne plus parler.

Cependant, les plaisirs de l'hiver n'avaient point détourné César de ses projets sur Faenza. Aussi, à peine le retour du printemps lui permit-il de se mettre en campagne, qu'il marcha de nouveau vers la ville, campa vis-à-vis du château, et, après avoir pratiqué une nouvelle brèche, ordonna un assaut général, auquel il monta le pre-

CRIMES CÉLÈBRES

mier ; mais en dépit du courage qu'il y déploya de sa personne, et si bien qu'il fût secondé de ses soldats, ils furent
repoussés par Astor, qui, à la tête des hommes, faisait
face sur la brèche, tandis que les femmes elles-mêmes,
du haut des remparts, roulaient sur les assiégeans des
pierres et des troncs d'arbres. Après une heure de lutte
corps à corps, César fut forcé de se retirer, laissant deux
mille hommes dans les fossés de la ville, et, parmi ces
deux mille hommes, Valentin Farnèse, un de ses plus
braves condottieri.

Alors César, voyant que ni excommunications ni as-
sauts ne pouvaient rien, convertit le siége en blocus :
toutes les routes qui conduisaient à Faenza furent cou-
pées, toutes les communications interrompues, et comme
plusieurs signes de révolte s'étaient fait remarquer à Césène, il y mit pour gouverneur un homme, dont il connaissait la puissante volonté, nommé Ramiro d'Orco, avec
pouvoir de vie et de mort sur les habitans ; puis il attendit, tranquille devant Faenza, que la faim fît sortir les
habitans de ces murailles qu'ils s'acharnaient avec tant
d'entêtement à défendre. En effet, au bout d'un mois,
pendant lequel les Faïentins avaient subi toutes les hor-
reurs de la famine, des parlementaires vinrent au camp
de César pour proposer une capitulation. César, à qui il
restait beaucoup à faire en Romagne, se montra plus facile qu'on n'eût pu l'espérer, et la ville se rendit à la condition qu'on ne toucherait ni à la personne ni aux biens
des habitans, qu'Astor Manfredi, son jeune souverain,
aurait la faculté de se retirer où il voudrait, et partout

LES BORGIA.

où il serait retiré jouirait du revenu de son patrimoine.

Les conditions furent fidèlement remplies à l'égard des habitans; mais César, ayant vu Astor qu'il ne connaissait pas, fut pris d'une étrange passion pour ce beau jeune homme, qui ressemblait à une femme: il le garda donc auprès de lui dans son armée, lui faisant honneur comme à un jeune prince, et paraissant aux yeux de tous avoir pour lui la plus vive amitié; puis un jour Astor disparut, comme avait fait la fiancée de Carracciolo, sans que personne sût ce qui était advenu de lui; César lui-même parut fort inquiet, dit qu'il s'était sauvé sans doute, et, pour faire croire à cette fuite, envoya après lui des courriers dans toutes les directions.

Un an après cette double disparition, on trouva dans le Tibre, un peu au-dessous du château Saint-Ange, le corps d'une belle jeune femme, dont les mains étaient liées derrière le dos, et le cadavre d'un beau jeune homme, ayant encore autour du cou la corde de l'arc avec laquelle on l'avait étranglé. La jeune femme était la fiancée de Carracciolo, le jeune homme était Astor.

Tous deux avaient servi pendant cette année aux plaisirs de César, qui, s'étant enfin lassé d'eux, les avait fait jeter dans le Tibre.

Au reste, la prise de Faenza valut à César le titre de duc de Romagne, qui lui fut d'abord donné en plein consistoire par le pape, et qui fut ratifié ensuite par le roi de Hongrie, la république de Venise et les rois de Castille et de Portugal. La nouvelle de cette ratification parvint à Rome la veille du jour où le peuple avait l'habitude de

CRIMES CÉLÈBRES.

célébrer l'anniversaire de la fondation de la ville éternelle ; cette fête, qui datait de Pomponius Lætus, acquit
une nouvelle splendeur des événemens heureux qui venaient d'arriver à son souverain. Le canon tira toute la
journée en signe de joie; le soir il y eut des illuminations
et des feux d'artifice, et, pendant une partie de la nuit,
le prince de Squillace, accompagné des principaux seigneurs de la noblesse romaine, parcourut les rues de la
ville, portant des torches à la main, et criant : Vive
Alexandre! vive César! vivent les Borgia! vivent les Orsini! vive le duc de Romagne !

TABLE.

FIN DE LA TABLE.